成功班主任案头必备

班主任的班集体建设

王法强 林玉北 编

航空工业出版社

北京

内 容 提 要

班集体是学生学习与生活的基本单位，学生思想政治工作的许多环节要靠班集体落实，各项活动也要以班为单位组织开展。本书共分为6个部分，分别就班级授课制及班级、班集体的内涵、建设优秀班集体、班主任的自身典范作用、班集体的管理和组建以及班集体班队活动设计等方面进行了全面、细致的阐述。

本书适合中小学班主任阅读，也可作为教师培训教材及图书馆收藏。

图书在版编目（CIP）数据

班主任的班集体建设/王法强，林玉北编. —北京：航空工业出版社，2017.10（2022.3 重印）

ISBN 978-7-5165-1341-5

Ⅰ.①班… Ⅱ.①王… ②林… Ⅲ.①班主任工作 Ⅳ.①G451.6

中国版本图书馆CIP数据核字(2017)第239521号

班主任的班集体建设

Banzhuren De Banjiti Jianshe

航空工业出版社出版发行

（北京市朝阳区京顺路5号曙光大厦C座四层　100028）

发行部电话：010-85672663　010-85672683

永清县晔盛亚胶印有限公司印刷　　全国各地新华书店经营

2017年10月第1版　　2022年3月第2次印刷

开本：710×1000　1/16　　印张：14　　字数：160千字

印数：5001—11000　　定价：28.00元

前 言

教师是塑造人类灵魂的工程师，而班主任则是战斗在这一阵地最前沿的战士，是一班之魂。据统计，全国有中小学生2亿多人，有中小学教师近1000万人，其中班主任大约有500万人。他们承担着独特而艰巨的任务，活跃于教育前沿阵地。

教育是艺术，但它首先需要科学的审视，需要我们以理性、客观、严谨的态度，去了解可以做什么，不可以做什么，怎样做才能避免工作过程中的失误，怎样做才能达到预期的结果。这样，才能避免出现因悟性不同而产生巨大差异的情况，才能使班主任在工作中尽快找到方向，从而确保基本的教育质量，不使学生为班主任工作的盲目性与随意性“埋单”。

不管是课改前还是课改后，管好一个班级，犹如搞好一个系统工程，班主任从任职那天起就要有十分强烈的“质量”意识，要真正在培养学生高尚情操、塑造学生美好心灵上下功夫。班主任只有树立起全新的教育观、质量观、人才观，才能培养出适应21世纪竞争形势的创新人才。因此，班主任不仅应该具有崇高的职业道德、无私的敬业精神、渊博的专业知识和科学的教育理论，以及现代教育观念和开拓创新精神，而且还需要不断提高自身的素质修养与专业工作技能，科学而艺术地教育孩子。

《成功班主任案头必备》丛书对班主任的角色、任务、操作系统进行了界定：班主任是全面关心学生发展的人，是学生的精神关怀者，是学生生命中的“重要他人”。因此，班主任应学会精神关怀，学会班级建设，应在具有发展性的班级教育系统中，促进学生的全面发展。

这是一套集思广益的书，分别从班主任的师德修养、心育艺术、语言艺术、新型工作方法、精选教育案例等方面进行了大量翔实、具体、生动的描述，并有针对性地进行了分析提炼，对班主任提高自身的素质和工作技能具有较大的借鉴价值和实用价值，具有一定的指导作用和启发意义。

希望本丛书的出版，能为广大班主任提升自身素质和专业技能提供一定的帮助，推动我国班主任工作事业向着新的高度迈进。

编　者

目录

Contents

第三编　建设优秀班集体 …………………… 53

班集体是教育者与受教育者、学生个人与学生集体的有机统一体，有其自身发展的规律。班集体形成的几个阶段并非决然割裂，每个阶段所具有的特征都是班集体内各个因素渐次发展、交错前进的表现。班集体的基本形成并不是班主任工作的终结，班主任仍然要继续探索班集体向高一层次发展的规律，使班集体的巨大教育力量在广度和深度上继续得到显示。

第四编　班主任的自身典范作用 ……………… 91

在千军万马的战场上，元帅是军中的灵魂；在南飞的雁群中，领头雁是阵中的灵魂；在浩瀚的大海中，灯塔是航海人心中的灵魂；而在普普通通的校园中，在微不足道的班集体中，班主任才是班集体的灵魂，才是几十名学生紧紧围绕

第一编

班级授课制及班级

综观世界各国教育实践，可以肯定地说，班级教育形制不仅是在现在，乃至在将来很长一段时间，仍然是学校教育的主要形制。对于发展中国家来说是如此，对于发达国家也是如此。作为基础教育的主要教育形式，班级的功能已由纯粹的教学组织形式发展为多功能的统一体，在学生的身心发展、人格教育、智能开发与拓展上发挥着越来越大的作用。

教育是知识创新、传播和应用的主要基地，也是培育创新精神和创新人才的摇篮。

——江泽民

班级授课制的起源及发展

班级是学校的一个基本组成单位,是教师与学生进行教育信息交流的平台,然而,班级不是从来就有的,它是学校教育发展到一定历史阶段的产物,是学校教育中的一种组织形式。

一、教学组织形式及其发展

教学组织形式是教学活动中师生相互作用的外部组织框架,是依据一定的教育目的和教学内容以及教学主客观条件安排教学活动的结构方式。具体地说,教学组织形式主要涉及和解决以下问题:教师如何把学生组织起来,通过何种方式使教与学紧密联系,如何合理利用时间、空间及其他教学条件来展开活动、传授教学内容,从而有效地实现教学目标,完成教学任务等。

从形式与内容的辩证关系来看,内容决定形式,形式又反作用于内容,形式具有能动性。教学组织形式决定于教学内容,但又积极反作用于教学内容,教学组织形式如何解决以及解决的正确与否,直接关系到教学内容的规模和效率,关系到教学质量的高低。

教学组织形式同特定历史阶段相关,不同的历史时期,教学组织形式会有所区别。一般来说,某种教学组织形式一旦产生,就具有相对的稳定性,但随着社会生产发展提出新的要求,科学技术进步所带来的教学工具的变革,以及教学内容更新和教学目的的转换,教学组织形式也会随着发生变化。

古代学校通常采用的教学组织形式是个别教学,其特点是教学时教师只同个别学生发生联系,即使学生有几十人,但学生的年龄、程度不同,学习内容和进度也因人而异,教师对学生最终采取分别对待的方式。这种状况是古代社会个体手工业生产方式在教学组织形式上的反映,其教学规模小、教学速度慢、教学效率低,影响着学校教育的发展。

欧洲文艺复兴之后,随着资本主义生产的发展和文化科学的进步,社会对人才的培养提出了新的要求。个别教学不论在培养人才的质量还是在数量上,都不能适应社会的需求。于是,在 16 世纪欧洲一些国家出现了按学生年龄和程度编班授课的组织形式,即班级授课制。17 世纪夸美纽斯在总结前人和自己教学实践的基础上对班级教学进行了理论论证和教学法上的分析,奠定了班级教学的理论基础。这是教学组织形式上的一次重大的变革和进步,到了 19 世纪这一形式在世界范围内得以推广,并日渐成为基本的教学组织形式。

19世纪末20世纪初，针对班级教学的缺陷，一些教育家提出了改革教学组织形式的主张，比较有代表性的有设计教学法、道尔顿制和分组教学。

设计教学法由杜威的学生克伯屈创立，1916年首先在哥伦比亚大学师范学院试行。他倡导废除班级授课，打破学科界限，主张由学生依据自己的兴趣和需要自发地决定学习的内容和目的，在学生自己设计、自己负责实行的单元活动中获取知识和解决实际问题的本领。教师的任务在于利用环境来激发学生的学习动机，帮助学生选择活动所需的材料。

道尔顿制是由美国教育家帕克赫斯特女士于1920年在马萨诸塞州市立中学开始施行的。其具体做法是废止以班级为单位的集体教学形式，建立各种研究室，研究室兼有教室、自习室、实验室、图书馆之功能，按学科分配设置，学生不固定班级，可按自己的兴趣爱好到各研究室专任指导，教师只起咨询作用。

分组教学是20世纪初被一些学校采用的另一种教学组织形式，它是按学生的学习能力或成绩把学生编成程度不一的班组分开教学。分组教学大致有两种类型：外部分组与内部分组。前者是改变传统的按年龄编班为按学习能力或学习成绩编班，后者是在按年龄编班的班级内按学生能力或学习成绩编组。这种教学组织形式能够从学生的实际出发，适应学生的差异，并兼具集体教学和个别教学两方面特点，有助于因材施教，提高教学质量。

虽然20世纪初围绕班级的功与过、存与废引起过一场争论，在各种各样的教育理论指导下进行了许多不同的试验，使班级理论呈现出不同的声音。但班级在今天,乃至以后仍然会是教育教学以及学校管理的基本单位。

1976 年,美国掀起了一场“恢复基础”的全国性教育运动。这场运动明确要求:应取消一切形式主义的教育革新,努力提高学生学力水平,加强学校纪律性。1983 年美国教育部长贝尔收到了一份题为《国家在危险中:迫切需要教育改革》的全国教育质量委员会提供的调查报告。该报告指出,要提高教育标准和教育要求,有效地利用现有的学习时间,否则美国将会培养出一代无知的公民。这两个事实告诉我们,在教育革新思想十分活跃的美国,公众和教育家们正在冷静地看待近几十年来废除班级、倡导个别教学带来的一系列现实问题。“恢复基础”就是要恢复以班级教育形式为基础的学校教育,通过系统的班级教育,培养出符合社会要求的、会做人、会学习的一代公民。

近几十年实现经济腾飞的日本,早在 20 世纪 50 年代便看到了战后美国教育使团鼓吹的“生活中心主义”给日本教育带来的危害,因而从 60 年代以来多次进行加强基础知识和道德基础教育为主旨的教育改革。1971 年日本文部省出台《关于今后学校教育的综合扩充、整顿的基本实施方针》咨询报告中提出,教育应当造就“这样一种国民,即对种种的价值观具备广泛的理解能力,同时能够以民主社会的规范和民族的传统为基础,通过个人对普遍性文化的创造,对世界和平和人类福利做出贡献。”要培养出这样一种规格的人,必须依靠学校的整体教育与班级教育活动。日本不仅没有取消班级建制,而且多方面加强了班级的教育功能。

我国自从引入班级教育形制之后，虽然在德国、日本、美国、苏联等国教育思潮的影响下，在学制上曾有过不同的尝试，在教育方针上也曾有各种变动，但只有在班级教育形制上，总体上说是稳定的。这一教育现象的出现是基于这样一个不可回避的事实：像我国这样一个人口众多、经济尚不发达的大国，亟待扩大教育面，普及初等义务教育，降低教育费用，提高教育资源利用率与教育效率。而在这方面，班级教育形制恰恰能够很好地承担这一艰巨的历史任务。近几十年来，我国教育改革此起彼伏，但所有改革的构想无一不是建立在班级教育形制的基础上，扬其之长，避其之短，对完善班级教育形制做出了大量有益的尝试。

从世界各国教育的实践中我们可以得出结论：班级教育形制不仅是现在，乃至将来很长一段时间，仍然是学校教育的主要形制。对于不发达国家是如此，对于发达国家也是如此。作为基础教育的主要教育形式，班级的功能已由纯粹的教学组织形式发展为多功能的统一体，在学生的身心发展、人格教育、智能开发与拓展上发挥着越来越大的作用。为了弥补班级注重整体素质提高而忽略差异的缺陷，通过大力发展课外个别教育、分层分类教育教学的方式，教学使得不同差异的学生都得到发展。从总的发展趋势来看，教学组织形式的发展有两种趋势：第一，教学单位日趋小型化。西方国家都在缩小学校班级的规模，大多数班级人数控制在20人左右，以使教师有余力对每个学生进行指导。第二，教学形式日趋多样化。在保持班级授课制这一基本组织形式前提下，采用班级教学、分组教学和个别教学相结合的方式,取长补短,提高教学质量。

二、班级授课制的形成

班级授课制是特定历史条件下的产物。在奴隶社会与封建社会的漫长历史长河中,学校教育一直采用个别的教学形式。当然这里的个别并非与群体相对应,而是就其实质意义而言。这种教学形式没有统一的进度、规划与教育对象,而是由一个教师对层次不同、年龄不一的一群学生实施不同的教学方式,教学内容根据受教育对象的不同相差很大,时间也很难统一安排。不过,这种教学形式适应了当时社会发展的需要,古代社会缺乏统一的基础教育制度,教育是一种个人行为,而非集中统一的社会行为,从而使这种教育形式带有等级制度的遗风,渗透着特权思想,致使个别教学形式盛行于中国封建社会以及欧洲中世纪。

到了16世纪,随着重商主义的抬头与兴盛,欧洲资本主义工商业得到了快速发展,科学、技术与文化不仅找到了精神家园,形成了向上的文化氛围,并且安装了前进的"助推器",从而得到了空前的发展,并对社会提出了新的需求,如:伴随科技的兴起,文化的发展,整个社会在主流文化上要求增加自然科学与艺术的内容,剔除封建神学的垄断;要求学校扩大规模,以满足更多工商业者的子女进入学校的需求,由此破除封建贵族等级制度;要求确定新的教学制度,加快教学进程,更可能适应社会发展与变化的整体趋势等等。而当时那种个别的教学形式,无法满足上述新的社会需求。于是,在西欧一些国家的古典中学里,出现了一些新的教学组织形式的尝试。如德国的斯特拉斯

堡的文科中学，分为9个年级，还设1个预备级，为十年级；法国的居耶纳中学，分为10个年级，以一年级为最高年级，十年级为最低年级，在一年级后，还设两年制的大学预科；天主教设立的耶稣学院，也实行班级教学，并在章程中规定了每周每月的教学内容和每天的时间表。这些就是班级授课制的萌芽。17世纪捷克教育家夸美纽斯(1592—1670)在总结前人和自己的教育实践基础上，于1632年发表了《大教学论》，对班级教学进行理论上的概括，奠定了班级教学的理论基础。此后，又经许多教育家的研究和推广，班级授课制为人们普遍接受。我国于1862年(同治元年)清政府在京师同文馆首先使用班级授课这一教学组织形式；20世纪初，废科举、兴学校后，才在全国逐步采用班级授课制。

三、当前班级授课的主要形式

班级授课制也称课堂教学，是将学生按照大致相同的年龄和知识程度编成班级，教师根据规定的课程内容，按固定的教学时间对全班学生进行统一教学的组织形式。在当前的教学实践中，课堂教学的具体形式大致有三种：一是全班上课，二是班内分组教学，三是班内个别教学。

(一)全班上课

这是现代学校中最典型、使用最为普遍的课堂教学组织形式。是在教师的直接指导下班级全员一齐进行学习的形式。其主要特点是：①教师同时面对全班学生施教，又使学生所有的反应再反馈给教师。它采取的是同步学习的方式，即所有学生每次的学习内容、学习进度及采用的教学行为都是一样的。②以教师系统讲授为主,辅之以其他各种有效的方法向学生呈现教材,比如讲解、示范、谈话、课堂讨论等等。③教师的讲授是学生学习的主要信息来源,但学生在课堂上可与教师、同学进行多向交流。④教师可用自己的情感、态度和行为直接影响学生并使他们产生相应的反应。

在全班上课中,学生始终在教师的直接指导下,能够有步骤地朝着目标有效地进行学习,通过捷径掌握知识技能。在时间和教师付出的精力上看,全班上课可以说是最经济的一种教学组织方式。但从学生自我活动这一点上看,它不能说是最有效的。每个学生都处于各不相同的水平上,学习起点和学习速度方面有较大的差异,合在一起教会使学得快的学生感到乏味,学得慢的学生感到灰心;有些学生需要不同的教学媒体,以适合他们个人的学习方式,而全班教学强调整齐划一,必然影响某些学生的学习。总之,全班上课难以适应学生在学习速度、学习方式和个性等方面的个别差异。

(二)班内分组教学

班内分组教学,指根据教学或学习的各种需要,把全班学生再细分成若干个人数较少的小组,教师根据各小组的共同特点分别与各小组接触,进行教学或布置他们共同完成某项学习任务。学生以组为单位进行自主性的共同学习,在同学之间进行信息交换。其主要特点是:①在全班上课的基础上开展小组学习活动,班级依然保留。教师的主导作用、教学的计划性和系统化等主要原则，在班内分组教学中依然适用。②小组不是永久性的，而是临时性的，主要为具体的教学活动而组建；可以是学科小组也可以是活动小组，主要视所要完成的任务和活动的目的性质而定。③各小组的人员也不固定，小组规模的大小要视学生的发展阶段、班级人数、学科的不同、所布置的课题和作业的类型及其量的不同具体地决定，小组人数的一般幅度可在2~10名之内。

适合采用班内小组教学的教学情境多种多样，有时是因为一定的教学方式，如主题讨论、开展小范围合作活动等需要人数较少的学生小组的组织形式，有时是特定教学任务、教学内容的需要。

采取班内分组教学，主要是考虑到教学班中学生之间具体的差异，需要灵活掌握教学要求与教学进度，调整教学组织结构，改进班级授课。分组学习倘若有充分的准备，审慎地加以应用，可以产生种种良好的教育效果。合作活动，必然要交换思想，切磋意见，争论有效方法，增长见识。尤其在各小组解决课题时，使学生交替发挥各自的作用，可以发现学生的才华，发展他们的能力。分组学习可以大大促进学生的自我活动，有助于形成自我教育的要求与能力。通过分组学习可以在发挥学生各自的主动性的过程中，训练学生合作活动的习惯，但是这种组织形式必须具备两个前提：一是分组的科学依据，二是有足够的教师配备。它对教师提出较高要求，使教师教学的工作量明显增加。

（三）班内个别教学

采用班内个别教学，教师可以因人而异地给学生布置学习任务，并花一定的时间以一对一的形式给学生辅导。其特点是：在全班上课的基础上主要面向班上的差生或学习速度快的学生；教师给学生布置的学习任务以及教师进行的辅导必须以该生的学习准备、学习难点和性格特点为依据；教师的作用主要在于指导和帮助学生自学和独立钻研；学生学习的材料一般是由教学法专家精选或专门编制的教材，如程序教材、自学辅导材料或教学参考书；学生的学习由开始时完成教师为之规定的任务而逐步向完成根据自己的能力而确定的任务过渡并逐步带有独立钻研的成分。

班内个别教学的教育学意义是深远的。第一，它可使教学适合每个学生的学习需要、能力水平和学习速度，有利于因材施教；第二，它可调动每个学生的学习积极性，使差生不致失去学习信心，优生不致失去进一步学习的机会和条件，从而使每个学生都能从教学活动中受益；第三，它有助于训练学生的独立学习、独立钻研能力和自我教育能力。

班内小组教学和班内个别教学有它们独特的用途，这是毫无疑问的。但它们仍然是在全班上课的基础上进行的，仍属于班级授课，是班级授课的具体形式。在采用全班上课即可完成教学任务的情况下，就不必采用小组教学或个别教学。尤其是个别教学，由于其"代价昂贵"，需要花费比全班上课和班内小组教学多得多的时间和精力，教师一般较少采用这种形式；但对

于解决差生或优生问题，它仍不失为一种有益的可选形式。

(四)几种变式

班级授课除了上边介绍的三种具体形式外，还有若干变式。我国普遍采用的班级授课的变式主要有两种：一是“复式教学”，一是“现场教学”。它们在我国学校的教学实践中占有一定的地位。

四、当前班级授课的改革趋势

(一)班级规模由大趋小

班级规模是指一个教学班的学生人数。班级规模不是固定不变的，它会因办学理念、办学物质条件、生源等因素的变化而出现相应变化。

1. 班级规模的大小与办学理念密切相关。过去，在社会本位教育观或学科本位教育观的影响下，以较大班级规模、一师多生地开展教学活动，曾一度被认为是一种既节约教育资源又可高效地实现人才培养目标的有效办法，但在这种教学状态中，除了少数学习上的优秀生得到教师的“偏爱”以外，大多数学生的个体需求和发展状态往往被忽视了，教学质量与效益也因此打了折扣。今天，伴随着教育的现代化、民主化、个性化以及大众化，越来越多的人意识到，课程与教学在面向学生全体的同时，务必保证对个体差异的充分关注和对个人潜能的充分开发，从而尽最大可能地实现因材施教，只有这样的教育教学，才算充分发挥了课堂教学的优越性。在这一办学理念的影响下，课堂教学小班化几乎成为一种国际化的课程与教学诉求。

2. 班级规模的大小与学校办学物质条件尤其是教学用建筑面积息息相关。一般而言，学校的教学用建筑面积越充裕，那么在生源接近的学校中，人均可占有的单位教学物质空间越大，该学校实现小班化教学的可能性也就越大，反之，难免会出现“人多地少”、众多学生在狭小的教学物质空间中拥挤不堪的不良状况。

3. 班级规模的大小与生源密切相关。在生源相对充足的地区，班级规模有增大的可能。班级规模是影响课堂教学效果的重要变量之一。一般而言，这种影响主要体现在如下几个方面：一是人际关系。过大的班级规模，在一定程度上限制了师生交往和学生参与课堂，阻碍了课堂教学的个别化，也有可能导致较多的纪律问题。二是学业成绩。就教师的角度而言，班级规模大，便于教师在单位时间内快速高效地面向集体传授知识，但相对而言，这样却很容易导致教师忽视大多数学生的个体差异，而只重视少数学习成绩上的尖子生；从学生的角度来说，班级规模大时，很多学生受到空间位置、人员密度、发言机会的限制，对课堂教学的参与度较低。三是课堂座位排列。比如四五十个学生的大班教学只能是秧田式座位排列，它更适合于教师讲、学生听的传统课堂教学，适合于知识授受，而对于学生情感、交往乃至创造性素质的培养则有很大局限。而当班额度较小时，如 20 个左右时，座位可排列成马蹄形、圆形、V 形、T 形等。四是学生的健康和用脑卫生。据卫生部门测试，小班教室内二氧化碳的含量明显低于普通班。显然这有利于学生的学习发展。在这样的教学环境中肯定比 70 多个学额的环境要好，学生的心境、教师的心境肯定也会较放松、豁达。

国内外很多学者对班级规模进行了研究。在美国，1978 年，史密斯（Smith，Mary L.）和格拉斯（Glass，Gee V.）等人先后两次出版了两份对班级规模与成绩关系实验研究的元分析。他们发现在所有的年级小班都与较高的成绩有关，尤其当学生在小班学习的时间超过 100 个小时，并且学生的任务受到细心管理时，成绩更好。他们发现，当班级规模缩小到 20 人以下时，这些主要的好处都发生了。在他们的第二份研究中，他们得出的结论表明，小班在学生的反应、教师士气和教学环境质量方面有优势。

适当缩小班级规模，以解决因班级规模过大带来的诸多问题，已经成为当今世界各国教育界的努力方向。以美国为例，自从 20 世纪 80 年代以来，美国部分州就开展了“小班化实验”。至 1999 年，联邦政府正式启动“缩小班级规模计划”，明确规定要减小班级规模，将各年级的班级学生人数从平均每班 23 人减少至 18 人，重点是小学 1～3 年级：一年级减少到 17 人，二年级减少到不超过 18 人，三年级减少为 18 人左右。

就我国的教育现状而言，小学班级规模过大已经成了一个突出的问题。特别是一些城镇重点小学，班级规模更大，远远超过了我国学校管理规程中规定的每班 45 人的标准，而且还有上升趋势。针对这种情况，我国北京、上海等地区正在积极进行“小班化教育”的实验，实验的重点是减少班级人数，贯彻因材施教原则，增加师生交往比率，营造和谐课堂环境和气氛，提高课堂效率。北京实验班控制在20～30人，上海实验班控制在25～30人。

(二)多种教学组织形式有机结合

各种教学组织形式各有短长，因此，要想使课堂教学的优越性得到最大程度的发挥，就必须对各种教学组织形式加以有机整合、综合使用。如前所述，早在20世纪50年代，美国特朗普教授就采用灵活的时间单位取代固定划一的课时，由优秀教师担任大班上课，所占时间比例一般为40%，由一般教师担任小班上课，时间比例占20%，学生独立研究占40%。可以说特朗普制注重大集体、小集体、个人自学相结合，又兼顾学生集体和教师集体的组织，是一种比较综合的教学组织形式。如今教学组织形式的综合化已然成为当前世界各国努力的新方向。

1. 班级授课与个别教学、分组(层)教学的有机结合。近年来，我国上海、江苏、浙江、安徽等地的小学实行的"分层递进教学"的研究与实验。江苏溧阳市溧城中心小学实行的"分层异步教学"，其努力的实质方向就是将全班教学、分层教学、个别教学相结合，从而大大提高教学效果。

其中，在解决共性问题时，就采用全班教学。在解决不同层次问题时，就采用分层教学，其实施要点为：在班级授课的教学过程中，在面向全体学生的同时充分考虑学生的个体差异，将全体学生划分为发展指数处于不同层级(群组)的群体，根据学生学习的可能性水平，针对每个层级(群组)儿童的身心发展不同需求，确定分层(群组)教学目标，进行不同的教学设计，展开不同的教学实践，传授不同的教学内容，实行不同的评价标准，从而满足不同层次学生的需求，最终实现学生的身心健康、全面发展。

在解决个别性问题时，就采用个别教学，其实施要点为：确定适当而明确的教学目标，教学目标既有固定的，又有灵活的，由教师、家长、社区有关人员共同确定；教学评价视需要而定；根据学生的兴趣、需要灵活调整学习内容、形式及途径；学生自主学习；在班级教学时，开展补救性和充实性教学活动。前者为落后者而备，后者为学优者而设。

2. 课堂教学与课外教学的有机结合。当前，课外教学与课内教学的有机结合已经成为一个不争的事实。随着教学理论研究与教学实践探索的日益深入，人们越来越认识到，学习作为一个复杂的心理过程与行动过程，其知识、经验的获得方式与组织方式包括“间接经验直接经验化”和“直接经验间接经验化”这样两种方式。这两种方式的实践运作，具体表现为课堂教学中所教的间接经验将借助于丰富多彩的课外活动得以现实化、具体化、直观化，这样才能便于学生的理解、吸收并实践应用；同时，在广阔的活动课程时间领域和空间领域，学生将在直接接触自然生活和社会生活时，通过不断地发现问题、分析问题、解决问题，达成对已有知识的重组和应用，并将全新获得的直接经验吸纳到个体的知识结构、经验序列中来。从这个意义上说，课堂教学与课外教学的有机结合，是达成有效教学的重要途径。

课堂教学与课外教学有机结合的形式多种多样。从结合的紧密程度看，主要有：①课堂教学与小组活动、班级活动、年级活动、校级活动的结合。课堂教学与各层级活动前后紧密相衔,课堂教学为各层级活动提供知识平台、活动导向与活动任务,各层级活动为课堂教学提供知识、经验的课外实践空间、利用途径、整合环境。②课内规划指导与课外现场教学的结合。在这里,课堂教学与课外教学紧密结合为一个整体的教学过程。课堂教学以灵活的时间安排规划、指导课外教学的总体思路、具体步骤、注意事项,学生的大部分精力将集中于课外教学部分。③综合实践活动与校本课程开发及实施。在这里,课堂教学与课外教学你中有我,我中有你,在不同的活动单元、活动周期中联手发挥教学功能,课堂教学由此更具生活化、实践化特征,而课外教学由于经常与具体的研究项目相结合,因而更具问题性、科学性、探究性的学习色彩。

(三)座位排列的丰富多样

座位排列形式和学生座位位置对学生的学习态度、教学活动参与度、学业成绩等都会产生一定影响,同时,也制约着教师与学生之间、学生与学生之间的交往范围、互动形式、人际互动效果,并对信息交流的方式、范围、效果产生重要影响。座位排列形式在一定程度上反映着人们的课程与教学观。长期以来,传统的座位排列方式一直采取"秧田式";近年来,随着教学交往诉求的不断增加,教学交往正由理论走向实践,逐步得到显化、强化与深化,各种座位排列形式也随之越来越多地应用到课堂教学实践中来。

1. 秧田式座位排列。这是座位排列的传统形式,即讲台、黑板在前，标明了教师在课堂教学中的常在位置；学生座位排列成直行，类似于“秧田”，行行列列都面向教师，面向前方。这种座位排列，能够允许在有限的课堂教学物质空间内容纳较多学生。在这种座位排列中，教师是课堂教学的中心，是学生注意力集中的聚焦点，教师身在哪里，学生的目光就汇聚到哪里，因此，这种形式有助于教师管理和控制课堂，也有助于减少学生与学生之间的相互行为干扰。但这种形式中，教师与学生群体之间往往以教学信息的单向传授为沟通的主要途径，在教学过程中不利于教师关注学生个体的具体学习情况，在规模较大的班级，坐在后排及教室四角的学生却很容易被教师忽视；相对而言，前排和中部的学生容易更积极地参与教学活动，学习成绩也更好。

2. 圆形座位排列。具体形式有教师置于圆内型、教师置于圆外型、半圆型、同心圆型等。要求班级规模为 20 ~ 25 名学生。在空间特性上，这种座位排列使教师与学生之间尤其是学生与学生之间不再有主次之分，有利于建构平等、和谐、有序的师生关系，有助于师生之间、生生之间的互动与对话，能够有效促进教学交往，适合于各种课堂讨论或相互学习。与“秧田式”相比较，圆形排列中邻座同学、隔座同学以及对座同学，几乎都在彼此目力所及的视野范围之内，使师生之间的交流更为简便易行。其不足之处在于教师对学生的控制减弱，由于学生之间的信息交流空间较大、对话机会增多，所以在学习的专心程度上，不如“秧田式”排列。

3. 马蹄形座位排列。要求班级规模一般为 20 ~ 25 名学生，也称“U”形座位排列；如果超过 25 人，那么可以采用双马蹄形。

在这种排列中，教师处于“U”形缺口的对面，学生之间可以互相看到，学生也可以看到老师；便于教师主讲，也便于教师与学生之间互相倾听彼此的发言，教师与学生之间的非语言交流进行起来也清晰、简便，可以使更多的学生参与到课堂教学中来。不足之处是：紧邻教师而坐的两侧数名学生，处在教师视线的余光范围内，容易被教师忽视，但在这几名同学发言或活动时，又由于其空间位置距离教师太近，在心理上难免会有紧张感；坐在“U”形底部的学生，由于正好处在教师的对面，心理环境上容易受控于教师。

4. 弧形座位排列。每排呈弧形，最前排可以坐 2 ~ 3 名活动的主要参与学生，而全班级其他排学生很容易将自己的注意力集中在这些同学身上。在弧形的对面，可以坐主讲教师，也可以对坐数个矩形座位排列的学生小组，这些学生小组是活动的主要参与者，相对而言，弧形座位里面的同学更多地扮演观众或“亲友团”的角色，当然也可以随时参与到活动中来。小组对抗赛、文艺演出等，经常采用这种形式。

5. 模块形座位排列。这种排列适合于小组活动或个别学习。这种座位排列使每个学生几乎都有自己的活动空间，座位与座位之间存在着便于走动的过道，学生行动起来很方便又不至于互相干扰。

只有集体和教师首先看到学生优点的地方，学生才能产生上进心。

——苏霍姆林斯基

班级授课制的基本特征

课堂教学是按班级进行的。班级是由一定数量的学生，按年龄和程度组成的集体，是学校进行教学工作和其他教育活动的基本单位。课堂教学是教学的基本组织形式，学校中教学、教育任务，主要通过课堂教学来完成。

按班级授课制组织起来的课堂教学，具有下列一些主要特点：

一、按学生的年龄和知识水平分别编成固定的班级

即同一个教学班学生的年龄和程度大致相同，并且人数固定。教师同时对整个班集体进行同样内容的教学。夸美纽斯形容这种教学如同印刷书籍一样。他还说，教师的嘴就是一个源

泉,学生的注意如同一个水槽,知识的溪流,由教师嘴里流向学生头脑里。这与个别教学大不相同或恰恰相反。我国古代私塾是个别教学组织形式典型的模式。它虽然也有一群学生(且不说地主家庭或宫廷里教师仅仅向一个学生进行教学),但不是固定的班级,学生彼此年龄和程度各不相同,教师与他们仍然是个别联系:教过这一个学生,再教另一个学生……学生入学、肄业、毕业,都是不固定的。

二、按"课"教学

把教学内容以及实现这种内容的教学手段、教学方法展开的教学活动,按学科和学年分成许多小的部分,分量不大,大致平衡,彼此连续而又相对完整,这每一小部分内容和教学活动,就叫做一"课",一课接着一课地进行教学。这个特点,在很多的教学论著作中都不明确,甚至没有提到。前苏联教育学中也只有凯洛夫主编的《教育学》(1949 年版)中明确地论述了它。这一特点是非常重要的。在个别教学组织形式下,不存在所谓的"课"。不同的学生学习内容和学习活动是彼此不同的;各个学生的学习内容和学习活动也无计划,无划分,随时随意决定学习什么和不学习什么,也可以随时随意决定多学些或少学些。没有通盘考虑,没有系统安排。

三、把每一"课"规定在统一而固定的单位时间里进行

单位时间可以是 50 分钟、45 分钟或 30 分钟,但都是统一的和固定的。课与课之间有一定的间歇和休息。从各学科总体而言,可能是单科独进,也可能多科并进,轮流交替。在个别教学

组织形式下,也没有这一特征。学习时间没有划分,或长或短,早学、晚学,停学,都没有确切的规定。

四、统一授“课”

教师根据指定的教学大纲和教材,向全班学生传播统一的教学内容,并排定课表,多科并进,交错授课。在同一班级,授课的进度和要求应该是统一的。

五、按时授“课”

全校有固定的作息时间,并制订统一的作息时间表,有节奏地开展教学活动。

六、对教师的文化和业务有统一的基本的要求

并按其精力、专长和工作能力分配教学任务。教师对所教学科的教学工作负责。

每当我们给个人一种影响的时候，而这影响必定同时应当是给予集体的一种影响。

——马卡连柯

班级授课制的利弊与改进

一、班级授课制的优点

1. 大规模地面向全体学生进行教学。一位教师能同时教许多学生，而且使全体学生共同前进。

2. 能保证学习活动循序渐进，并使学生获得系统的科学知识，扎扎实实，有条不紊。

3. 能保证教师发挥主导作用，首先是教师系统讲授，而且在这个基础上直接指导学生学习的全过程。

4. 把教学内容及活动加以有计划的安排，特别通过课的体系，分工合作，从而赢得教学的高速度。

5. 学生彼此之间由于共同目的和共同活动结集在一起，可

以互相观摩，启发，切磋，砥砺。

6. 在实现教学任务上比较全面，从而有利于学生多方面的发展。它不仅能较全面地保证学生获得系统的知识、技能和技巧，同时也能保证对学生经常的思想政治影响，启发学生思维、想象能力以及学习热情等等。

总之，班级授课的教学组织形式比较突出地反映了教学过程的本质特点：间接性的认识，有领导的认识和教育性认识，能在时间和精力都比较经济的条件下，比较全面地实现教学任务。

二、班级授课制的不足

班级授课制的缺点与优点具有共生性质，它既然具有以上的优越性，那么也相应地具有以下局限性：

1. 教学活动多由教师做主，学生学习的主动性和独立性受到一定程度的限制。课堂上一般以老师的讲授为主，学生有什么想法也就不能及时有效地反映出来了。

2. 它的时间、内容和进程都固定化、形式化，不能够容纳和适应更多的教学内容和方法。一堂课的时间有限，老师想要采取多种教学方法就不太可能，比如讲授某一概念时，不宜把概念直接给出，最好是引导学生探索这一概念的形成过程，但是在一堂课的时间里，还不足以完成这个过程。

3. 它以“课”为活动单元，而“课”又有时间限制，因而往往将某些完整的教学内容和教学活动人为地分割以适应“课”的要求。

4. 学生主要接受现成的知识成果，其探索性、创造性不易发挥。

5. 学生动手机会较少，教学的实践性不强，不利于培养学生的实际操作能力。

6. 教材统一，要求统一，进度统一，强调的是统一，齐步走，难以照顾学生的个别差异，难以做到因材施教。这也是导致班上学生“贫富差距”的原因之一。

也正是因为班级授课制有以上局限性，人们才屡屡对它提出批评，不断对其进行改革与探索，而所出现的新的教学组织形式还不能从根本上取代班级授课制的地位，只能作为其补充或辅助形式，也就是试图在保持班级授课制优越性的同时能够有效地克服它的局限性，而不是对班级授课制彻底的否定。

三、研究进展

因为班级授课制的缺点与优点具有共生性质，所以针对班级授课制缺点所进行的改革，走过了头，也就丧失了它的优势，进而从根本上取消了班级授课制度。随着信息技术的广泛应用，网上教室的开辟，使交互式、个别化的教学成为可能，一种从未有过的个性化学习，个人自主择校、择师、择课、择时、择地，将逐渐渗透至中小学。学校传播知识的职能将被网络技术取代或部分地取代，但这并非意味着学校与班级授课制的消解，而是意味着它在满足学生的情感需求、促进社会性发展方面的功能将进一步强化。班级组织应该在促使学生“学会做人”、“学会共同生活”方面发挥更大的作用。故而对班级授课制的改革应该贯彻“先立后破”准则，在不取消班级组织的前提下做必要的改进，而不宜采取激进的态度。

（一）使教学单位趋向合理化

班级授课制至今仍是世界各国教学的基本组织形式，而要最大限度地发挥班级授课的优越性，尽可能地弥补难以因材施教的缺陷，班级规模的合理性是一个重要的条件。班级规模的大小是影响课堂教学及其管理的一个重要因素，这种影响主要表现在人际关系、情感交流和参与程度方面。一般而言，小班制的教学要比大班制教学有效。心理学研究证明，过大的班级规模，限制了师生交往和学生参与课堂活动的机会，阻碍了课堂教学的个别化，有可能导致较多的纪律问题，从而间接地影响学习成绩。

针对班级规模过大的问题，世界各国都在适当缩小班级规模，以加强人际情感交流。例如美国各州的小学每个班由 20～30 人组成，而美国教育部在 1998 年制定了 7 条政府优先考虑事项，其中就有一条提出通过提供专款资金，帮助学校缩小 1～3 年级班级规模，在全国范围内把每班人数控制为 18 人。而法国改革班级授课形式的目标是，每班学生不得超过 25 人。

目前，我国中小学班级规模普遍较大，特别是重点中小学班级规模更大，甚至有学校的教学班规模超过百人。显然，这不利于教师对全班的课堂控制，也影响教师对学生的态度和情感交流，影响教学气氛。同时，教师和学生之间的互动性太差，平均交往较少。为此，我国也正在积极进行“小班化教育”的实验和推行，并取得了一定的成效。

然而，过小的班级规模又是极不经济的，缩小班级规模要受到财力、人力、物力的制约。班级人数多少较为合适，除了考虑其与学习成绩的关系外，还应考虑：第一、学习目标的类别。例如，以态度、技能的获得为主要目标或高层次的认知目标时，小班制较合适，但知识、事实层次目标的学习，则集体与小班制教学都合适。第二、所要采用的教学方式。例如在只要求学生们看电影、电视或听讲座时，几百人的大班也是适宜的；而强调学生之间或与教师之间的相互作用的教学方式（需要合作的学习、活动、探究等）和个别化学习时（如独立研究、掌握学习、计算机辅助教学），必然要求进行小班教学。

实行小班教学应当注意以下两个问题。

1. 取消教师分科任教或延缓教师分科年限。在多数实行小班教学的国家和地区，通常采取教师包班的方式，而不是分科任教。在小学阶段尤其普遍，甚至在一些班级仍然较大的国家和地区如日本和我国台湾，在小学也是教师包班。小学阶段各门课程的文化科学知识都是基础性的，具有合格学历的小学教师完全能够胜任。教师包班，为教师了解每个学生提供了分科任教所无法比拟的便利，也为教师有针对性地对学生因材施教创造了分科任教条件下难以获得的充分条件。

2. 改革现有的班级制度以保证给予学生均等的机会。小学阶段应没有严格的班级组织，不存在正副班长、班委、组长等相对固定的角色，各种活动所需要的工作由所有学生轮流承担。这样，可以使每个学生都有机会得到各种锻炼，也使每个学生有机会获得不同的体验。

小班教学是社会和义务教育发展到一定程度的产物，是为了满足社会成员对于教育公平性、公正性的进一步要求,以及获得高质量教育的需要。可以预见,在今后几十年内,小班教学的增加会成为我国义务教育的主要发展趋势之一。

(二)实现多种教学组织形式的综合运用

一切教学组织形式都各有利弊,不可能存在某种万能的模式,所以要求对各种教学组织形式合理结合和综合使用。班级授课与个别教学、分层教学相结合,课堂教学与课外教学、现场教学相结合,传统的教学与现代教育技术相结合,已经成为目前发达国家教学组织形式的新特点。这样既保留了班级授课的优点,又能弥补其弊端。

近年来,我国上海、江苏、浙江、安徽等地的一些中小学进行了“分层教学”的研究与试验,这是一种适应学生个别差异的课堂教学组织形式策略。其实施要点是:根据学生的学习可能性水平,将全班学生分为若干层次(一般为三层,也有两层或四层的);根据各层次学生的学习可能性制定相应的分层教学目标;根据分层教学目标,以班级为单位,进行分层区别施教;及时反馈、分层评价;矫正、调节、确立新的教学目标。分层施教的基本要求是:教学分合有致、动静结合,学生全员参与,各得其所。采取班内分层教学,主要是考虑到教学班中学生之间具体的差异,需要灵活掌握教学要求与教学进度,调整教学组织结构,改进班级授课。分组层学习倘若有充分的准备,审慎地加以应用,可以产生种种良好的教育效果。但是这种组织形式必须具备两个前提:一是分组的科学依据,二是有足够的教师配备。同时,它对教师提出较高要求，教学的工作量也明显增加。分层教学的优点：同一层次内学生的基础和水平较一般班级授课制条件下更为整齐，因此学生的学习和教师的教学都更加便利。由于不同科目各自分组，能够比较好地适应学生的兴趣和差异。分层教学的缺点是在管理上比较复杂。

个别教学是在课堂情境中进行符合学生个别差异的教学，主要由学生个人与适合个别学习的教学材料发生接触，并辅以教师和学生之间的直接互动。它不同于古代的个别教学那么拘泥于师生一对一的教与学，而是通过教学各因素的优化配置来提高学习效果。比如语言实验室里语言学习的教学，学生单独进行学习，各自坐在规定的个人座位上，或是各带自己的录音机和自己的课本。他们以耳机或是间壁同其余同学隔开。教师逐个地介入每个学生的学习过程，给予检查，修正错误并进行评价。学生每两个组成“伙伴学习”时，教师功能的一部分由学生承担。

采用班内个别教学，教师可以在全班上课的基础上，因人而异地给学生布置学习任务。学生学习的材料一般是由教师或教学法专家精选或专门编制的教学材料，如程序教学材料、自学辅导材料或教学参考资料等。学习速度可以按照每一个学生的能力设计，对每个学生可以追加辅导，可以布置补充题，也可以对个别的学生或是一定数量的学生布置经过特别选择的课题。教师的作用主要在于指导和帮助学生自学和独立钻研。教师要不断地监督问题解决的过程，使所有学生能采取有效方法集中地进行作业。当学生感到为难、无法胜任时，教师应当介入，给予讲解、帮助和追加教材。教师为了推动个别化学习的过程，需要再做一次基本指示时,应中止个别学习,再做一次集体指导。如果需要帮助的只是一名学生,可以在作业现场给予个别指导。对于面临同样性质困难的学生,可以临时做出指导。

这种形式允许学生有更灵活的学习进度和学习时间安排。教师根据各个学生的不同需要或与学生一起制定学习范围和进度,并提供各种材料、给予反馈和评定。这种教学方式,常用于巩固知识技能的练习,也可用来掌握并扩大新的知识、技能,深化思考。

从本质上说,个别学习必须依靠学习者自己去独立解决问题、完成课题、独立思考和行动。因此,从教育学的角度看,正确地插入符合课程目的目标的个别教学,对于自我教育态度与能力的培养具有特别的意义。另外,班内个别教学有利于学生一定的能力训练和技能的掌握。在班内个别教学中,每一个学生可以反复地进行练习,直至正确地、确凿地掌握难词难句为止。或者,可以通过解答大量数学题,彻底掌握新的运算方法。

不过,班内个别教学也有某些弱点:第一,在个别学习中学生潜心于自身课题的解决,因此学生之间几乎没有交流;第二,教师无法不间断地直接指导每一个学生,对每一个学生的一切方面一切问题做出适当的讲解、指示、提示和帮助。因此,班内个别教学必须跟同步学习或同步教学结合,或以同步学习为基础,从同步学习、同步教学中引出,再回归同步学习、同步教学。

在班级授课制的条件下,实行全班教学、分层教学、个别教学三种形式相结合。一般地说,解决共同性问题时,采用全班教学,解决不同层次问题时,采用分层教学,解决个别性问题时,采用个别教学。

课外教学是指进行活动课程教学的组织形式，是学校教学工作中日益重要的组织形式，是教学组织形式现代发展的产物。与课堂教学相比，课外教学有两大突出特征。第一，突出学生的主体地位。课外教学注重学生的自我组织和互相启发，充分发挥学生的自主性、能动性、创造性。学生可参与从活动设计到评价的全过程，既是学习者也是活动的组织者。第二，体现主体活动的多样性。它能超越传统的学科教学的局限，提供给学生广泛吸收新知识、参与社会生活的机会，拓宽学生的视野，丰富学生的精神生活，甚至影响到学生未来爱好与职业的选择。

课外教学的具体形式主要有：小组活动、班级活动、年级活动、校级活动。一般来说，比课堂教学的组织形式更加灵活多样，总体上以分组活动为主（如学科小组、科技小组、艺术小组、体育小组等等），辅之以班级活动和个人活动。各种形式的活动与不同的活动内容结合，构成多类型、多层次、丰富多彩的课外教学体系。

现场教学是教师组织学生到生产现场或其他现场（纪念馆、博物馆、山川、河谷等等）进行教学。这种教学组织形式能把书本知识中说明的现象及其发生、发展、运动变化的本来面目显示给学生，并使学生置身于自然、社会环境中，置身于生产、现实生活之中，在活生生的情境中学习。如物理课讲传动装置，可把学生带到工厂车间实地观察，化学课的有些课题可组织学生参观化工厂、冶炼厂。现场教学是正确处理间接经验和直接经验关系的必要手段，是促使理论联系实际的有效途径。

现场教学与课堂教学有着密切的联系，教师应根据教学任务和内容的需要选择课题，配合课堂教学把一个班或几个班级的学生带到野外、工厂、农村、社区，与现场有关人员一起共同进行教学，以验证课堂内学的书本知识或为学习有关知识积累感性经验，所以它是课堂教学的补充、继续和发展。由于学校教学的主要任务是传授间接经验，因此，现场教学组织的次数不能过多，它只能是教学的辅助形式。

（三）加强课堂教学的交往互动

关于座位的各种排列形式的，前文中有过简单的介绍。座位编排方式和学生座位位置的不同，制约着课堂教学中教师与学生、学生与学生的交往范围和人际互动，直接影响着教学信息交流的方式和交流的范围。关于班级授课的研究进展中，座位的排列形式也得到了关注和发展。

传统的课堂座位排列形式是秧田型，即一排排课桌面向教师讲台，学生与学生前额对后脑，左肩邻右肩。它反映了传统教学强调知识传授的特点，师生关系是演讲者与听众的关系，这种座位模式最适合于集体讲授，但这种座位排列是封闭性的。研究者对座位选择与学习者之间的关系进行的研究发现，座位选择与学习者行为两者之间关系密切。坐在前排的学生大多数是过分依赖型的学生或学习热情特别高的学生，坐在后排的往往是一些喜欢捣乱和不太听讲的学生。坐在前排和中间的学生的学业成绩要比坐在后排和两边的学生要好一些。坐在前排的学生，由于他们与教师之间的空间距离较短，心理距离也相对较短，这些学生往往能博得教师的表扬和称赞，因而也会以较大的热情投入到学习活动中去，学业成绩也相对较好；而坐在后排的学生则对学习持消极态度，也由于他们与教师的空间距离较远，因而心理距离也相对较长，从而这些学生表现出对自己获得学习上的成功也缺乏信心。研究同时发现，学生参与课堂教学的程度受学生座位的影响相当大，教师与学生之间的交流集中发生在教室前排和前排中间一带的区域，一般将这个区域称之为"行动区"。处在"行动区"内的学生在课堂上表现活跃，发言积极，与教师交流的机会和次数明显比其他区域内的学生多，因为"行动区"处在教师的视觉监控范围之内，这个区域内学生的一举一动都受到教师的严格控制，从而能在学习上表现出较大的投入，学业成绩也相对较好；而行动区以外的区域是教师视觉上的"盲区"，处在这个区域内学生的一举一动，教师都较难以控制，因而捣乱、做小动作的现象也就随之出现了。因此，这部分学生在课堂上的学习并不十分有效，学业成绩也不理想。

非正式座位编排模式一般有圆形、会议式、马蹄形和小组式及其变式，它们分别适用于不同的教学目的与要求。

1. 圆形排列法。圆形排列法就是学生围坐成一个或几个圆圈，教师则处于教室前方。这种座位排列法中，大大增加了学生之间、师生之间的言语和非言语交流的机会，有利于消除师生座位的主次之分，有利于师生之间平等融洽的人际关系的形成，较适用于课堂讨论和互相学习。有时，班级人数超过 25 人，则可采用双圆形的编排方式，在这种排列中，可以将教师的位置设定在圆圈外面，也可以将教师的位置设定在圆圈中心。

2. 会议式排列法。会议式排列法类似一般会议室的布置，学生与学生相视而坐，教师仍处于学生座位的前方。这种排列法的优点与圆形排列法相似，特别适用于课堂讨论和学生间的交流。这种座位模式以不超过 25 人的班级为好。若超过 25 人，可以将课桌椅排成四列。

3. 马蹄形排列法。马蹄形排列法就是将课桌椅排列成马蹄的形状，教师则处于马蹄的开口处（即 U 形），这种排列法是一种双向型的信息交流结构，兼有班级集体教学和分组教学的功能，既可以增进师生之间的交流，同时又可以突出教师对课堂的控制，发挥教师的主导作用。当教师面向全班讲课时，学生面向讲台；当分组讨论、交流时，学生在小组中活动，有利于发挥学生的主体作用和合作关系，缺点是不适合人数较多的班级。有时，班级人数超过 25 人，则可采用双马蹄形排列法（即 W 形）。

4. 小组式排列法。小组式排列法是将课桌椅分成若干组，每组由 4 ~ 6 张桌椅构成。这种座位模式的优点是比较适合于讨论、作业课，可以最大限度地促进学生之间的相互交流和相互影响，加强学生之间的关系，促进小组活动。增加了学生与学生之间的互动，给予学生较多的参与不同学习活动的机会，有利于学生学业成绩的提高以及合作能力、创造能力的培养。

5. 开放式编排方式。以上几种座位编排方式适用于班级教学和小组教学，但显然不适用于个别教学。为了做到将班级教学、小组教学和个别教学有机地结合起来，国外又开发出了开放式的座位编排方式。这种编排方式将座位、书架、现代化的教学媒体、黑板、实验设备等均引入到教室中，学生的课桌可根据需要移动，教室被分成若干学区，如阅读区、教学区、实验区、个别学习区等，每个学生都有专门的主题或课程，有一至二名专职教师负责学生的学习活动，学生可以根据不同的学习任务选择小组学习或个别化学习。在这种编排方式中，学生不按年级分组，几个年级可同处于一个学区进行学习，增加了学生与学生之间的互动，给予学生较多的参与不同学习活动的机会，有利于学生学业成绩的提高以及合作能力、创造能力的培养。

在座位安排形式的选择和设计时，一方面教师应考虑具体的教学及其目标，座位必须与活动的性质和需要相适应。教师可以选择一种适合本学科大多数教学情景的半永久性安排，为了满足个别需要及避免单调，还可灵活地转换。另一方面也要考虑学生的特点和教师控制课堂的能力。教师应根据班级规模的大小和各种教学的需要采取多样化的座位排列方式。只有通过经验和时间，教师才能知道某一安排是否适合于自己的教学和自己学生的需要。这可能需要多次尝试和不断地修正，以使学生在所设计的教室中高效地学习。

上面介绍的几种排列方式都具有参考价值，值得借鉴。在实际教学工作中，可选其中一种，也可选两种或两种以上的混合型，总的原则是座位排列要具有动态性、多样性，使师生、生生之间真正互动起来。同时，班主任和各科教师还应当使学生的座位位置经常变动，每个月或半个月定期对全班座位进行左中右、前中后的轮换。安排座位时，要顾及到男女性别、学业成绩、性格特征的搭配，考虑到学生社会化的发展和交往的全面性，营造活跃的课堂气氛，使教学充满生机与活力，全面实现教学目标。

第二编

班集体的内涵

班集体是一个以学生亚文化为特征的社会群体。它按照一定的社会要求,以教育目标为导向,借助课程、集体规范、交往、人际关系、班级文化等载体,对儿童、青少年学生传授社会文化历史经验,指点社会生活目标,教导社会规范,培养社会角色,从而提高集体成员的社会心理素质。

学校生活是社会生活的起点。远处着眼，近处着手，改造社会环境要从改造学校环境做起。全校师生应当以美术的精神共同改造学校环境。

——陶行知

班集体的概念

班级是班级授课制的产物。班级授课制是将学生按年龄和程度编成班级,使每一班级有固定的学生和课程,由教师按照固定的教学时间表对全班学生进行上课的教学制度。

班级授课制面对着大致相当的学龄群体,有着统一的教学时间、教学进度与课程,当学生聚集在一起围绕某些教学内容进行活动时,表现为典型的群体活动,而有群体经常活动的地方,就需要有管理的存在,因而,班级授课最初还只是为班级的产生创造了条件,由教师主导的学生群体活动只是班级形成的基础,是班级的初级体现。只有把班级作为学校的教学组织形式纳入正常的管理渠道,成为基本的教学组织形式时,这一群体的外在形式才可能逐步向班级转化。

简言之，班级就是教学班或班级群体。它是学校的基层组织，是学校根据一定的任务、按照一定的规章制度组织起来的学生群体。从社会组织学的视角来看，班集体是以教学班（班级）为基础建立起来的规范化的社会组织。众所周知，教学班是班级授课制的基础，是学校为完成教育、教学任务而建立的，集教学、教育、管理于一体的组织形式。学校班级的管理目标、组织机构设置、纪律规范要求，以及教学活动的内容和方式，等等，基本上是先于学生而存在，且不以学生意志为转移的。这是由学校教育、教学的目标和制度所决定的。班主任是学校法定的班级管理者、教育者和指导者，是班级管理的主要责任人。这些对于学生而言，都是外在的，学生进入什么样的班级，将和哪些学生在一起学习，是无法选择和改变的。在班主任的组织、教育和引导下，班级根据学校教育的规范、要求，逐步建立起班级的组织机构和各种制度规范，形成责任依从的组织关系，建立一支班干部队伍，进行班集体自主管理，开展各种班级活动。

心理学认为，集体是一种具有目的性、组织性和心理上的相容性等特点的个人集合体。所谓班集体就是指有明确的班级共同奋斗目标、完善的内部组织机构、自觉的纪律、正确的集体舆论和一定的凝聚力，并能积极开展活动进行自我教育的学生集体。班集体不同于传统意义上的班级，并不是所有的班级都是班集体。班集体是班级群体发展的高级形式，是建立在社会主义道德原则上的有机统一体，它具有巨大的教育力量。当然，两者也有联系，班级是形成班集体的组织基础。班集体是一种教育集体，它建立在各个学生的个性积极性发挥的基础上，又不是每个学生个性特征的简单综合。它不仅是教育的客体,而且也是教育的主体。在班集体中存在着老师与学生、学生与学生、个人与集体、个人与社会、集体与集体、集体与社会等相互制约的关系。一方面,学生作为个体受集体纪律、舆论、传统和风气的制约,影响着自己的思想行为;另一方面,改变着的个体又增强或削弱着集体,影响着班集体的发展变化。

根据班集体的组织特性,它应具有共同的集体奋斗目标,具有适应学生发展需要的组织管理制度和方式,具有适合班级特点且共同认同的规范。班主任虽然是班级的教育者、管理者,但在班级中应是一位平等的引领者。集体成员是班级组织管理的主体。班集体的目标、组织规范既要与教育目标和要求相一致,又应具有自己的组织个性。

简言之,班集体是按照班级授课制的培养目标和教育规范组织起来的,以共同学习活动和直接性人际交往为特征的社会心理共同体。班集体是学生直接生活于其中的微观的社会体系,是实施教育教学活动的组织,也是学生参与社会生活的主要场所。因而,班集体是学生个体实现社会化十分重要的机构。

即使是最好的儿童，如果生活在组织不好的集体里，也会很快变成一群小野兽。

——马卡连柯

班集体的功能

一、班集体的功能

班集体作为社会与学生交互作用的中介系统，既然受到社会环境、教师集体及其自身成员等诸多因素的作用和影响，必然会对社会和学生发生反作用，我们把班集体在与外部环境和内部成员交互作用中所显现的作用、影响及其后果，称之为班集体的功能。研究表明，首先，班集体作为一个以学生亚文化为特征的社会群体，是一个独特的社会化机构，具有促进儿童社会化的功能。第二，班集体作为班级授课制的基层教育组织，是学生集体共同的学习活动的组织形式，在教育过程中班集体具有组织功能。第三，班集体相对于集体中的个人来说，是一种巨大的教育力量，相对于个别教育，集体具有不可替代的独特、微妙的教育功能。第四，班集体作为一个以集体主义价值导向的社会心理共同体，具有在集体建设中培养和发展个性的功能。

二、班集体的社会化功能

班集体是一个以学生亚文化为特征的社会群体。它按照一定的社会要求，以教育目标为导向，借助课程、集体规范、交往、人际关系、班级文化等载体，对儿童、青少年学生传授社会文化历史经验，指点社会生活目标，教导社会规范，培养社会角色，从而提高集体成员的社会心理素质。由于班集体是沟通宏观社会与个体的中介，又置身于家庭、社区、校外同辈群体、大众媒介等多重社会化机构之中，所以，班集体作为一个高级形态的社会群体，具有调控社会、家庭、学校多重教育影响的独特功能，主要表现在：①筛选择优功能。即通过集体的信息沟通结构对环境中的社会文化信息筛选择优，强化那些有利于集体成员个性发展的因素，剔除那些对个性发展起消极作用的条件，从而优化集体环境。②整合功能。集体的日标、规范和组织机构具有对集体环境中多重教育影响的加工、转移和定向的功能，从而把影响集体的多重因素、变量通过合理组合和结构优化，在多种可能性中选择集体系统的最优状态，从而改变自身和外界环境的功能。③自我完善功能。集体作为一个开放系统，既要适应社会变革的需要，又要遵循个性发展规律，正是社会需要与集体成员个性发展水平的矛盾运动，推动集体吐故纳新、健康成长。

三、班集体的组织功能

班集体是为了教育目的而专门组织起来的教育集体。它既是班级授课制的基层教育组织,又是学生集体学习、劳动、游戏等社会活动的基本组织形式。研究表明,班集体在教育过程中的组织功能主要表现在:①集体目标在组织共同活动中的指向、激励作用。正是集体目标使全体成员认同活动的社会价值和意义,进而使集体成员把活动的社会价值转变为内在的需要和动机,这是集体自我运动的源泉。②集体的交往。人际关系在组织共同活动中的沟通和凝聚功能。在儿童集体开展共同活动过程中相互交往,沟通信息,形成互助、合作、竞赛、责任、服从、团结等关系。为了完成教学、教育任务,在集体中设有自我管理机构,正是学生集体的职权结构、角色结构、信息结构,成为班级教育过程得以有效实现的集体组织骨架。不断变动着的组织机构把学生轮流地置于负责、从属、互相帮助的地位,成为进行真正公民教育的一个有效手段。③集体的规范作为统合集体中个体行为的规则和范型,在组织共同活动和校正人际关系中,具有调控功能。它以纪律、舆论、传统、制度等手段,使班级的教学、教育和管理行为,按照一定的模式和秩序运行,保证教育质量的提高。

四、班集体的教育功能

班集体,作为有组织的社会化机构和教育过程,蕴含着巨大的教育潜能。实践表明,当班集体以正确的方法组织起来以后,就成为巨大的教育力量。个人在集体中受教育,集体是个人的教师。班集体的教育功能具有以下特点:①班集体作为一个独特的教育影响源,是社会影响和教师影响的折射,它是对集体环境中教育因素的转换器,有利于集体不断开拓新的教育领域。②集体有利于促进个体的认识过程和智力发展。由于认识过程本质上是一种社会过程,认识主体的认知水平取决于它对他人经验的注意程度,因此,集体地组织认识活动是对学生进行最优化教学和教育的强大潜力之所在。按照学习的集体性原则,充分发挥课堂教学活动中人际交往、协作、竞争等社会心理因素的教育潜能,是提高课堂教学质量的重要途径。③只有在集体教育和集体活动的背景中,教师才有可能在更大范围和多种活动中,充分运用多种教育因素,构成教育方法的系统,积极地给学生以深刻的影响。④集体对个人的教育影响是通过模仿、感染、暗示、从众、认同等社会心理机制实现的、具有潜移默化的特征。⑤班集体是一个以儿童、青少年学生为主体的亚文化群。由于同辈文化为青少年学生提供了一种新的价值观与准则,并提供了作为一个独立自主的人参与活动、交往的社会情境和角色体验;所以,班集体建设不仅是一个以正式课程为媒体的教育过程,而且也是一个以学生文化为媒体的自我教育过程,具有培养儿童的创新意识、批判精神和未来观念等人才素质的独特功能。

五、班集体的个性化功能

个性化即个性的形成和发展过程。个性的社会心理学意义是指个体中整合起来的社会特征。学生集体对其成员的社会化过程,就其内容来说,就是学生的个性形成和发展过程,因此,班

集体具有培养和发展学生个性的功能。研究表明，集体不单纯是一种对学生起影响作用的教育环境，在集体建设中，学生是活动的主体，是在活动中形成各种社会关系的主体。正是在学生集体自主学习、自我教育、自我管理中，具有参照性的集体目标、价值、规范等转化为集体成员的需要、动机系统，而学生在集体人际关系中所处的地位又决定了他的态度和行为方式，在意识中形成了集体主义的思想和情感以及在集体中自决的能力，形成个性的社会倾向系统。因此，集体的形成过程也就是培养个性的过程。实践证明，个性的目的性，集体主义的价值观以及个性的社会积极性等个性品质，只有在集体中才能培养并通过集体形成和发展。

教育要面向现代化，面向世界，面向未来。

——邓小平

班集体形成的标志

一、集体的形成

集体是群体发展的高级阶段，它具有诸如共同活动的全社会意义、成员的集体意识、成员价值观的一致性及人际关系的多层次结构等一系列社会心理特征。马卡连柯认为，集体的发展是一个复杂的过程，集体从一个阶段向另一个阶段过渡，以由谁提出共同活动的要求为标志，是由成年人、教师、积极分子提出来，还是由集体及其每个成员自己提出来。当社会需要和教育要求转化为集体的目标、价值标准和集体成员的动机时，集体就获得了自我要求、自我运动、自我发展的动力机制。我国无锡的班集体教育实验成果表明，鉴定和判断班集体形式的主要条件是：①集体目标与社会需要相一致，并促进集体成员的个性发展。②集体的共同活动获得自决的性质，每个成员都能在某一领域积极表现自己。③学生在班集体的关系体系中的地位是有利的，每一个人都能扮演成功的角色。④集体的规范、价值观成为学生的行动指南，具有参照性。⑤学生集体自治机构健全，具有独立实现组织目标，实行自我管理的功能。⑥初步形成以集体意识为核心的自觉、统一的社会心理共同体。

二、班集体的发展阶段

遵循集体的性质及其形成和发展的一般规律，参照学生集体独特的发展模式，运用教育管理学的理论和方法，科学地划分和界定班集体建设的发展阶段，具有重要的方法论意义。研究表明，班级集体的形成和发展不是自发的过程，而是在教师集体的指导下，根据一定的教育目的和管理目标而建立起来的，当社会需要和教育要求转化为集体的目标和规范时，集体就获得了自我运动的动力。正是在共同活动、交往和人际关系的发展中，班集体由教育的客体转化为自主学习、自我教育和自我管理的教育主体。总结我国班集体教育实验的成果，班集体建设一般经历以下三个发展阶段：①班集体建设的初级阶段——组织和教育集体。②班集体建设的中级阶段——集体自我管理。③班集体建设的高级阶段——集体中发展个性。

三、班集体建设的初级阶段

提出目标，这是组织集体的起点。这个目标是建立集体，为集体的自我肯定而斗争，包括集体的团结及个人在集体中的发展。提出教育要求和努力把全体学生团结起来的人是教师，教师集体按照集体的共同目标，指定并完善它的组织结构，按照集体教育的原则开展共同活动,建立规范,指导学生的交往,校正儿童社会的人际关系,发展班级集体同周围环境的关系。在这个阶段,学生们意识到推动他们前进的动力是,教育要求和集体的目标、规范与他们原有的参加集体活动的经验之间的矛盾。标志这个阶段形成和发展的主要标志是:①教师的教育要求转化为集体的目标,并促成集体成员个人目标的整合和一致。②班委会、少先队、共青团等正式组织建立;一批学生成了集体的积极分子,成员间责任依从关系形成,班集体的人际关系结构和组织机构逐步完善。③为了完成共同活动的任务。集体主要是通过纪律、制度、舆论等规范对个体进行控制,抑制个别学生的不正确行为,锻炼集体成员服从集体和克服困难的意志和能力。

四、班集体建设的中级阶段

指导学生集体自我管理,这是班集体由教育的对象和客体转化为自我教育主体的过渡阶段,也是集体自我运动和自我发展的过程。这个阶段的发展动力是集体自我发展、自我管理的要求与集体成员参与集体民主管理的经验与能力之间的矛盾运动。其主要标志是由教师担负组织者的职能过渡到由集体的各种正式和非正式的自我管理机构来担负组织者的职能。教师集体作为沟通者、顾问,以自己的榜样、智慧和威信支持积极分子的工作。于是,集体形成了学科的、课外活动的、共青团、少先队及各种临时性的集体自治机构。各项教育任务具体化,使其适合每个小组与学生、为集体所有成员都有可能实际参加集体的共同活动创造了条件,大家在自我管理中轮流担任组织者、参谋者和执行者的职务。学生们学会服从组织并要求同志完成公共的委托。当教师不在时集体成员的行为符合班级集体的制度、规范和准则，学生们迅速、正确地独立解决集体生活中发生的问题，多数学生有“我是班级的主人”的良好感觉。教师根据学生的年龄、班级特点和教学活动的条件，指导集体设计目标，控制目标偏差；对学生的教育要求不是直接向学生个人提出，而是通过集体，通过丰富、多样的共同活动以及在活动中建立的儿童集体的各种关系多途径提出。指导交往，校正人际关系成为教师的重要任务。正是班集体的自我合理，为集体成员的个性、社会积极性、兴趣、才能和特长的发展创造了条件，为集体的个性化铺设了前进的阶梯。

五、班集体建设的高级阶段

当集体成为人的个性全面而充分发展的客观条件时，就是班集体建设的高级阶段。其主要标志是集体从为自我肯定而斗争到为发展每个人的天赋、爱好、特长创造最好的条件，把开发人的身心素质潜能，实现每个人的独特的创造性才能提到第二位。这个阶段的主要特征是：①以集体主义价值导向，为集体中的每一个成员设计个性发展的蓝图，要使班级中的每一个人都能在共同目标中寻找到自己独特的坐标，抬起头来走路。②每个学生都在集体活动中开拓自己独特的领域，并在某一方面积极表现自己的个性和才能。③集体中的每个成员都能在班级中获得满意的地位，扮演成功的角色。④每个学生都能为集体奉献与众不同的、超过同龄儿童的精神财富。⑤集体的目标、规范、价值标准作为个体的行动指南，成为成员努力照办的准则，集体中的每个成员都能在集体期望的背景上对自己提出自我教育的要求和习惯。总之，在集体中发展个性，集体与个性的和谐发展是班集体建设的高级阶段，也是班集体形成的标志。

环境的改变和人的活动的一致，只能被看作是并合理地理解为革命的实践。

——马克思

班集体的环境

一、班集体的环境

环境是相对于人而言的外部世界。广义的环境，泛指人们生活的所有外部条件的综合，既包括直接作用于人们的周围现实，又包括间接作用于人们的一切客观因素，如历史传统、世界环境、大众媒体等。班集体是一个置身于特定环境之中的开放系统，集体的形成、发展与其置身的环境的运动、变化构成了一个交互作用的整体。研究表明，班集体的环境是一个由教育生态环境、社区环境和社会心理环境等多重因素和变量，按照特定的结构形态组合而成的错综复杂的综合体，它影响和制约着学生集体的形成和发展。因此，在班集体建设中，要把集体的环境纳入自己知觉和感兴趣的范围，把它们作为认识和实践的客体，教会学生观察自己周围复杂多变的环境，学会分辨环境中的积极方面和消极方面，体验自身对环境的隶属性和责任心，感受对改造环境的需要，在环境中开发潜在的教育因素，并按照美的规律改造环境，使集体的环境更富有教育意义。

二、集体的教育生态环境

学生集体生活其中的校园内外的教育生态环境，包括校园内的教室、实验室、活动室、运动场、庭园、道路及校园外的园林、田野、天空、建筑群等，它是学生集体学习和生活的基本条件。每一个班集体都有自己“蓝天下的课堂”，在那里开展考察大自然、登山、远足、游泳等集体活动，这不仅有利于学生身心有机体的生长和发育，而且是学生获取知识和情感体验的最初源泉。校园是学生集体日常的户外活动场所，是现代学校的"第二课堂"。整洁安静、阳光充足、空气清新、富有生机的校园，会使学生集体情绪安定，增加学习生活的情趣。例如，绿树成荫能消除疲劳和保护视力；茂盛的树木和草地，可以使空气净化；明亮舒适的校园建筑，可激发学生集体的愉快感和积极的学习情趣；整洁、优美的校容，对学生集体的精神生活起着潜移默化的作用。至于教室，这是“经典课堂”的学习生态环境，基本要求是：采光照明和通风换气良好，能防噪声，符合青少年视听功能要求，清洁卫生。实践证明，对班集体置身的教育生态环境中所蕴藏的教育潜能的开发，对于提高青少年学生的身心素质，具有极其重要的意义。

三、集体的社区环境

社区是相对于宏观社会而言的区域性的社会环境。一般来说，宏观的社会经济政治制度和生活方式从根本上制约着学生集体发展的性质和方向；然而，直接影响班集体发展的是围绕着学生集体的独特的社区环境。随着教育社会化的发展，社区教育应运而生，专门的校外教育机构日趋扩展；成人劳动集体为学生集体参与社会实践、积累社会生活和社会关系经验提供了基地；文化机构、生活服务机构和政法机构也蕴藏着巨大的教育潜能；大众信息手段则每日每时地对学生集体发生潜移默化的影响；参与学生集体生活的家长、成年人日益增多，他们或是单独地或是通过集体有目的地参与青少年的教育工作。“教师”、“课堂”等概念的涵义正在发生变化。“社区人人是教师”、“社区处处是课堂”等新观念正在被人们所接受。然而，社区环境对学生集体的影响具有自发性、复杂性、曲折性等特征。因此，在班集体建设中，需要在集体的社区环境中为学生从事认识、劳动、体育等共同活动建立必要的基地，以多种形式组织学生的社会实践活动，培养他们同成年人、年幼者和同龄人交往的能力，教会学生观察环境，看到它的积极方面和消极方面，并在活动和交往中掌握社会生活的准则和行为规范，促进学生个性的社会化过程。

四、集体的社区教育

学校的班级是置身于一定的社区背景之中的。班集体以学生为纽带，通过多种线索和渠道与学生的家庭、社区及成人社会发生联系，学生的家长和社区有权也有责任参与儿童集体的教育和管理工作，这是教育社会化的必然趋势。经验表明，建立班集体的社区教育组织是一个好形式，它的主要职能有：参与班集体的目标、教学计划和教育改革等重大问题的讨论，辅导学生的校外活动、节假日的闲暇和娱乐生活，协同学校做好学生的品德鉴定和职业指导，对学校、班级贯彻教育方针、政策、法规，包括作息制度、课业负担。教学质量等提出建议并履行社会监督职责。这个机构的运行机制是，在社区教育组织和家长委员会的领导下，建立儿童集体的校外教育基地，组织校外辅导员队伍，联合成年人的力量，指导学生集体的社会实践活动，从而使集体周围的微社会环境成为一个有组织的社会教育综合体。

第三编

建设优秀班集体

班集体是教育者与受教育者、学生个人与学生集体的有机统一体，有其自身发展的规律。班集体形成的几个阶段并非决然割裂，每个阶段所具有的特征都是班集体内各个因素渐次发展、交错前进的表现。班集体的基本形成并不是班主任工作的终结，班主任仍然要继续探索班集体向高一层次发展的规律，使班集体的巨大教育力量在广度和深度上继续得到显示。

我们知道个人是微弱的，但是我们也知道整体就是力量。
——马克思

优秀班集体的内涵

班集体是学校根据教育和管理的需要而组织起来的基层集体,是学生置身其间学习和生活的环境。一个功能健全的班集体,不仅能够促进学生身心健康发展,而且直接影响学生的学习兴趣、学习态度和学习结果。很多人在离开学校生活多年之后,仍然念念不忘当年自己的班级。可见班集体对学生个体关系之密切,影响之深远。

一个优秀班集体不可能自发地产生,也不会随着时间的推移自然而然地形成;只有通过班集体成员的共同努力,特别是班主任的智慧和创造性的劳动,才能逐步地培养和扶持起真正意义的班集体。

一、以集体主义精神凝聚人

前苏联教育家苏霍姆林斯基认为，“集体”是一种“精神共同体”。它不是人员的简单组合，而是相互间的融合，在此基础上形成的不可分割的整体，好比是“由成千上万条溪流汇合成的江河”。这就是说，集体不是一般群体；集体一旦形成，具有比各个成员相加更大的力量。

那么，作为一个班集体，能够把几十个互不熟识、个性各异的学生个体联合成一个有机整体，并且产生强大的合力，靠的是什么呢？靠的是集体主义精神。集体主义精神以其强大的凝聚力，把个体的思想、情感和目标聚合为集体共同的思想、情感和目标，从而强有力地支撑起班集体这座大厦。

集体主义精神并不是固有的，也不是虚无的，它需要培养并且也是可以培养的。关键在于有效地进行集体主义思想教育，培养学生的集体意识和集体荣誉感。要让每一个学生都懂得什么是集体，懂得个人与集体的关系，正确认识自己在集体中的位置和作用，认清自己对集体的责任和义务，从而自觉地关心集体、爱护集体，并把自己的言行与集体荣誉联系起来，把自己融合于集体之中，最终把集体目标内化为个体目标。

集体主义思想教育需要灌输，但不能仅靠灌输，更不能靠说教。进行集体主义思想教育的最有效途径，是组织集体活动。一个集体不开展集体活动，学生个体就感觉不到集体和集体力量的存在，感觉不到个体对于集体的依存关系，就不会为集体的荣誉去努力，去奋斗。这样，集体的凝聚力当然也就不可能形成。所以，一个新的班集体组合之后，最迫切需要的就是有计划有目的地组织多种内容多样形式的集体活动，并赋予积极的意义和高尚的情趣，造成融洽向上的集体心理气氛，从而催化学生集体主义精神的形成和发展，提高其自我教育的自觉性。为了强化集体荣誉感，有时候需要将班集体置于年级或学校乃至社会的大集体中，开展班际或校际的竞赛或联谊活动，其教育效果将会更好。

苏霍姆林斯基说："唤起人实现自我教育，乃是一种真正的教育。"在开展班集体活动中，要注重启发和调动全体学生的主体意识和参与意识，重视每个学生的价值，让他们做集体的主人，在集体活动中唱主角，变被动接受为主动适应，实现自我教育。

二、以正确的集体舆论引导人

集体舆论，就是在集体中占优势的、为多数人赞同的言论和意见。它以议论或褒贬等形式肯定或否定集体的动向或集体成员的言行，成为控制个人或集体发展的一种力量。积极的、正确的舆论能起到明辨是非、祛邪扶正、凝聚人心、催人奋进的促进作用，而消极的、错误的舆论则会起到混淆是非、涣散人心、毒化风气的不良作用。在正确的舆论面前，集体成员会自觉地调节个人与集体的关系，改变与之不相适应的思想和行为，把个人置于集体之中，从而促进每个成员健康成长。班集体建设的一个重要任务，就是努力培养健康向上的集体舆论，使之成为进行道德评价和学生实现自我教育的有效手段，加速良好集体的形成和发展。

如同集体主义思想教育需要借助集体活动得以实现一样，正确的集体舆论也是在开展一系列有益的集体活动中逐步培养和形成的。须知集体本身就是一种强大的教育力量。一个健全的班集体，在其活动过程中，可以陶冶人的情操，完善人的个性，提高人的社会认识水平和自我教育的自觉性。为此，要善于设计和组织学生开展各类健康有益的集体活动，并有意识地在活动中培育和引导正确的积极的集体舆论。

在引导和培育正确的集体舆论过程中，首先要让集体成员认识和掌握正确的价值观、道德观和判断真善美与假恶丑的标准，促进他们思想的健康发展，提高集体舆论的质量，防止不健康舆论的产生。同时，要在集体中开展表扬和批评，这对于正确舆论的形成至关重要。要经常表扬好人好事，及时批评、纠正错误行为和一切不利于集体进步、有损集体形象的不良言行，以扶持正气，抑制歪风邪气，激励进取，始终把集体舆论导入正确的方向。开展表扬和批评要实事求是、客观公正、恰到好处，谨防虚假浮夸，以免舆论失真。要建立班级舆论阵地，如举行班会活动、团队活动等，把准备和组织活动的过程作为培养和形成正确的集体舆论的过程；充分运用黑板报、墙报、专栏和班级日记等，开展教育宣传，强化舆论氛围，促进舆论发展。

三、以和谐的人际关系陶冶人

班集体教育和管理的对象是人不是物。人际关系不同于其他一般的关系，不能简单地进行机械的操纵。人际关系是以人的情感与心理的沟通为基础的，所以班集体管理说到底是人心的管理。在一个班集体里，由于种种原因，集体成员在学习、生活和活动中难免产生种种摩擦、矛盾和冲突，人际关系难免出现种种不协调不和谐的情况。班集体建设的一项重要内容，就是及时发现和研究集体成员之间（包括同学之间、男女生之间、干群之间、师生之间等）思想上的矛盾、认识上的分歧、心理上的隔阂，尽快地加以调整，力求统一思想认识，消除分歧和隔阂，最终形成一种相互了解、相互信任、相互尊重、相互关心的和谐的人际关系和集体氛围。

和谐的人际关系和集体氛围，对学习与生活其间的集体成员具有特殊的激励和陶冶作用。实践表明，在一个以关心他人、关心集体、与人为善为荣的集体里，人们自律、互律、互助、共进，可以使孤独者得到温暖，缺陷者得到补偿，愚者因而变智，弱者因而变强，人的内在积极性可以得到最大限度地调动，创造性可以得到最充分的发挥。这样，既可促进成员个体身心的健康发展、健全人格的形成和学习效率的提高，又可增强班集体的内在活力，极大地提高集体活动的成功率。

和谐的人际关系的形成，自然跟集体成员的自身素质有关，更重要的还在于培养。首先，要广开交往渠道，促进人际交流。交往和交流是人际关系得以建立和发展的基础，只有通过交往与交流，才能促进思想与感情的接近、沟通与理解，才能进一步密切联系，增进友谊，加强团结。组织多样化的班级集体活动，是促进人际交往的主渠道。其次，要优化人际关系准则，提高人际关系质量。团结的实质是价值观念的一致，因此群体价值观念的正确与否就决定着集体中人际关系质量的高低。在某些崇尚"人人为我"和"一切向钱看"的群体中,可能存在暂时的利益认同,也可能出现表面的合作,但那种低级趣味的投合不可能维系和谐的人际关系,也不可能形成坚强的集体。我们需要建立的是平等、友爱、团结、互助、共同进步的人际关系,其最基本的准则是尊重人、关心人、爱护人。为此,教学生学会关心,让他们心中有他人、有集体。可以说,培养学生的爱心、热心、善心、责任心,是班集体建设中的迫切任务之一。

尊重和发展人的个性,对于班集体建立良好的人际关系意义重大。弘扬集体主义精神并不等于不要个性,倡导集体舆论也不是抹杀个性。一个众人一面与缺乏个人兴趣、爱好和特长的班集体,必然死气沉沉,缺乏生气与活力。一个集体里的成员若都是些唯唯诺诺、缺乏主见、缺少个性的人,那么现代人所需要的独立思考能力、自主精神、开拓精神和民主意识等都将失去存在的基础。从这个意义上说,班集体建设的工作重心在于为每个成员的兴趣、爱好、特长的形成和发展开辟广阔的天地,让每个人都能够充分显示其天资、才能与个性。一个优秀的班集体,在组织活动时,善于依靠全体成员的共同支持和参与,在分配任务时,又充分考虑每个成员的兴趣、爱好和特长,给个性各异的成员提供较多的选择和实现自我价值的机会。要通过丰富多彩的集体生活、集体活动和积极和谐的人际交往,引导集体成员自觉克服消极的个性行为,形成积极的个性品质,使各自的心理需求和创造欲望得到满足,充分发挥和发展各自的智力和能力优势。这样一来,不仅可以培养和发展集体主义精神,而且可以尊重个性差异，完善每个人的个性。

四、以科学的班级管理规范人

“不以规矩，不成方圆。”一个集体要维护自己的统一，必须有一定的行为准则与判断标准，这就是集体规范。在班级管理中，一方面要引导学生学习和遵守中小学生守则和行为规范，同时还要以此为依据，根据班级实际情况，在全体成员的参与下，制订若干合理而且可行的具体条例与规定，如班级公约、课堂常规、学习纪律、卫生公约等，以引导和规范集体成员的日常道德和学习等行为习惯。

在行为规范训练过程中，要特别注意这样几点：一是要使制度条例真正成为集体全体成员的集体规范。如果集体规范制度脱离实际，不切实可行，或者只是班主任或班干部等少数人的思想，而大多数集体成员不认同，就难以转化为全体成员的约束力，实施起来，效果肯定不佳，甚至形同虚设。二是制度管理必须与学生的自我管理相结合。学生既是接受管理的客体，又是进行管理的主体，只有当学生高度自理并积极参与管理时，才能达到班级管理的最佳效果。自我管理的过程是培养学生集体主义精神和树立集体主人翁思想的过程，也是班集体凝聚力形成和巩固的过程。三是要十分注重教育性。执行纪律和规章制度的目的，是为了维护集体利益，为每个成员的发展创设良好的环境，那种动辄处罚、以罚代教的管理必然是失败的管理。实践证明，不失时机地对学生提出科学的合理的行为要求，并通过正确的教育引导和训练，巧妙地运用形成规范的心理机制，就能够逐步将管理目标转化为集体的价值观和集体的习惯与传统，进而形成训练有素的班风。

五、以干部的核心作用团结人

一个班集体中，必须有一部分热爱集体工作又有较强工作能力、自身素质较好、在集体中有一定威信和影响力的学生组成班干部队伍，形成集体的核心，通过他们团结、带动其他集体成员，沟通信息，协调动作，开展集体工作。这些“小领袖”式的学生干部，作为同龄人，在班级学生中的作用往往是班主任不可替代的。一般地说，一批好干部可以带出一个好的班集体；反之亦然。因此，选拔和培养好班干部，使之形成坚强的集体核心，是班集体建设的一件大事。

班干部队伍建设要注意如下几个方面：

一是认真选拔。班干部不是校领导封的，也不是班主任赐予的，更不是终身制的，而是在实践中脱颖而出的，所以要通过集体活动和学生的实践活动来发现和选拔干部。一个班级成员只有在实践活动中表现出良好的品质和出众的才能并得到学生群体认可时，才可能被拥戴为干部。

二是加强教育。即使是各方面条件都比较好的学生当了干部，也应当严格要求，加强教育。特别是教育他们要努力提高自身素质，懂得只有以身作则，严于律己，才能获得同学的信任，要具有号召力。教育他们密切联系同学，平等待人，懂得只有和群众打成一片，才有资格代表群众，才能获得群众的拥戴。

三是放手使用和锻炼。要信任干部，支持他们的工作，维护他们的威信，并给予具体指导，帮助他们分析工作中存在的问题，教给他们工作方法，使他们通过实际工作的锻炼增长才干，提高工作能力和水平。

四是让集体的每个成员都有参与管理、为集体服务的机会。在一个班集体中，要注意避免出现总是让一部分人去管理、支配另一部分人的情况；要通过干部的核心作用，吸引和带动所有集体成员积极愉快地参加集体活动，让每个成员都感受到集体的荣辱和个人息息相关，从而自觉地产生对集体的责任感和荣誉感。特别要善于发现和培养群体中新的积极分子和骨干力量。在一个班集体里，可以成为班干部的积极分子越多，集体的自我教育作用就越大，集体的发展水平就越高。

六、以班主任的自身形象感召人

班主任是班集体的教育者、组织者和指导者，是班级工作的主要操作者。班主任在班集体建设中起着主导、决定作用。一个优秀的班集体，是班主任长期辛勤劳动和智慧的结晶。

一个班集体的凝聚力，首先来自班主任的自身形象。班主任的形象越完美，越能吸引学生，越具有感召力。这种感召力的影响，远远超出学生在校的几年，而往往是终身性的。一个值得学生崇敬、信赖和爱戴的班主任应该具备怎样的形象呢？概括地说，应该具备崇高的学术形象和人格形象。

中小学班主任都兼课，他们留给学生的首先是学术形象。崇高的学术形象，是班主任以其丰富的学识和高超的教学艺术在学生的心目中树立起来的榜样和追求目标。它是教师具有扎实的基础理论、深厚的文化素养、精湛的专业造诣、广泛的求知兴趣的综合反映。班主任的学术形象越高大，越能博得学生好感，越能感染学生。在现实中，学生可以原谅教师的严厉、苛刻，甚至吹毛求疵，却往往不能原谅教师的才疏学浅甚至不学无术。有的教师，纵然有慈母般的心肠，就因其本身才学疏浅，在学生心目中没有地位，他的思想教育就不灵。从这一意义上说，教好书是育好人的前提。事实上，当今教育战线上的优秀班主任，他们既有一流的教学水平，又有一流的育人方法，因而受到学生的尊敬和爱戴。

班主任崇高的人格形象是指班主任以其高尚的思想品德情操为学生树立榜样。这种人格的力量首先表现为坚定的信仰和高尚的品德。这种信仰和品德通常以其日常的言行表现出来。作为教师，对祖国、对党、对社会主义的热爱直接表现为对教育事业的忠诚、执着和无私奉献。班主任日常表现出来的事业心和忘我工作精神，最能给学生以极强的示范作用和影响，从而转化为特殊的感召力。人格的力量还表现为良好的性格和风度。性格是表现人对客观世界的态度和行为的心理特征。班主任良好的性格体现在诚实守信、友善谦和、言行一致、正直不阿等方面，这些构成人格形象的个性美，最能引起学生心理的共鸣，成为他们钦佩和效仿的楷模。班主任端庄大方、不卑不亢、温文尔雅、风趣幽默的风度，也会对学生产生积极的审美作用。

让每一个学生在学校里抬起头来走路。

——苏霍姆林斯基

优秀班集体的建设

一、班集体建设原则

所谓组建班集体的原则，是指教育者（以班主任为主体）对班集体建设这一动态过程中客观规律的正确把握，是处理班集体建设内外矛盾和关系的基本原则，是建设班集体必须遵循的基本要求，其主要内容有：

1. 各种教育影响的一致性原则。它揭示了班集体建设与外动力的关系，强调了以班主任为首的教师集体（排除了各种消极因素的干扰）是班集体建设必不可少的外因和前提，从某种意义上说，没有合格的班级教师集体就不可能有合格的班集体。

2. 共同活动的丰富性原则。它揭示了组建班集体过程中外动力与内动力之间的联系纽带及其特征，强调了班集体共同活动的重要性以及共同活动应具有丰富性的特征，即共同活动的内容是丰富的、形式是多样的、效果是整合的，说明了丰富的共同活动是班集体建设的桥梁。

3. 学生组织的主体性原则。指以班主任为首的教师集体施加的一致影响，首先应转化为学生组织（班委会、团队组织）的内在积极性，使学生组织在实践中逐渐产生组建班集体是他们的内在需要，在此基础上指导他们把动机与行为方式统一起来。就是说教师（班主任）要教学生组织学会自己当家作主，做到目标自己提，活动自己搞，困难自己克服，计划自己执行。

4. 人际关系协调性原则。由于班集体实际上就是人际关系的有序网络和稳定结合，所以在组建班集体的过程中，应当努力使责任依从关系与情谊关系协调起来，形成真正的集体主义关系，造成相互尊重、相互理解、相互支持的良好氛围。

5. 集体的传统性原则。指的是班集体应当培养和建立自己的传统，发展自己特有的风格以区别于其他班级，并且将这种特有的传统风格不断发扬光大。没有自己特有的传统风格，班集体建设就会逊色。

6. 班集体建设与个性发展的统一性原则。它揭示了手段和目的的关系。从根本上说，组建班集体不是目的，而是一种手段。班集体建设的最终目的是全面地发展学生的个性，为培养各种类型的社会主义现代化建设人才和提高整个中华民族的素质打好基础。个性发展的重要条件是良好的班集体，而个性的发展又为集体的发展创造着有利条件。把两者对立起来是没有道理的。在重视发展成员个性时,又不可忽视集体目标、规范等基本要素,以防止另一种偏向的产生。

7. 集体主义方向性原则。它是组建班集体的导向,是班集体建设的灵魂。社会主义学校的性质规定了我们学校教育的集体主义方向。事实上,班集体的组建自始至终包含着集体主义与包括小团体主义在内的形形色色的极端利己主义的斗争。另外,班集体自身和成员个体一样必然面临着资产阶级思想侵蚀和其他方面的干扰,因而必须以集体主义精神为导向,它才能具有抵御侵蚀的能力,才能在不断排除障碍的过程中健全肌体,把自己推向新的水平。

二、建设优秀班集体的意义

班集体的重要意义,就是它有巨大的教育功能。只有科学地组织、精心地管理班级学生集体,并使它各方面的机能充分地运行起来,才能最大限度地发挥班集体的巨大的教育力量。

(一)是改进班级管理的要求

长期以来,对教育方针认识上的偏差,使教育者对到底培养什么样的人,即培养目标问题认识不清。近年来,又由于存在片面追求升学率的不良倾向,学校教育变成了单纯升学教育。由于上述两种情况的存在,就使不少的班主任自觉不自觉地以“升学率”作为工作的指导思想。班主任对班级的管理成了单纯对学生学习的管理。这种不良倾向必须扭转。

《中共中央关于教育体制改革的决定》明确指出:“教育必须为社会主义建设服务,社会主义建设必须依靠教育。”我们必须改变不适应社会主义现代化建设的教育思想、教育内容、教育方法,应该明确,传授知识和技能不是教育的目的,教育的目的是造就社会主义建设人才。把学生培养成为有理想、有道德、有文化、有纪律的人,使他们热爱社会主义祖国和社会主义事业,有为国家富强、人民幸福而发愤图强、艰苦奋斗的献身精神,有不断追求新知、实事求是、独立思考、敢于创新的科学精神。这样,我们的班级管理工作才能适应精神文明建设的需要和社会主义现代化建设的发展。

(二)可转变班级管理的落后状态

目前,在班级管理上,存在着下列不同的类型:

1. 放任型。班主任放弃对学生应有的管理教育责任,任其自然。

2. 管束型。喜欢事事严加管教,凡事都希望学生听话,百依百顺,成为"小绵羊"。

3. 保姆型。对教育事业有高度责任感,事必躬亲,怕学生出差错,思想品德教育上还存在不少盲目性。

4. 民主型。这类班主任既掌握了所管学生的个性心理特征,又颇能理解班集体的社会心理学特点及现代管理特点。他能与全班学生共同商量促进集体发展,与个别学生商讨改正不良行为的办法以及努力的目标,师生之间感情融洽。据调查,这类班主任仅占班主任总数的四分之一。班级管理上的落后状态是很明显的。

如何转变班级管理上的落后状态?这就要求班主任老师加

强理论学习，努力提高自己的思想修养和理论修养。从教育学、德育学、心理学、现代管理学、伦理学及其他现代理论的书籍中汲取营养。同时还必须努力实践进一步探索德育的规律，使自己在对学生的教育上变被动为主动。努力改变自己陈旧的班级管理方法。

当前，许多教师都在积极探索新的班级管理方法。有些教师尝试目标管理，因为他们知道适当的目标和坚强的舆论是集体形成凝聚力不可缺少的因素。还有些班主任通过心理咨询，进行和蔼可亲而入情入理的师生交谈，为学生解答日常生活中碰到的难题，消除他们的焦虑感，使他们轻松愉快地学习，良好地发展自己的个性。

（三）可以显示班集体巨大的教育力量

1. 在集体中受教育。在集体中，通过集体对学生进行教育，既是重要的教育原则，也是政治思想教育的重要途径。集体是形成学生的集体意识与为人民服务的直接源泉。正是在集体中，学生逐渐学会正确处理个人利益与集体利益的关系，学会个人服从组织，个人要对同学、集体负责，为集体服务、为集体作贡献。

2. 在交往中促进社会化。班集体促进学生的社会成熟。班集体是学校生活中的“儿童社会”，是社会影响个人和个人进入社会的主要通道之一。学生之间互相传输社会信息、相互影响，班集体为学生提供个性社会化的机会，促进学生的社会成熟。正是在班集体中，学生获得社会生活经验，学会正确处理人际关系。

3. 在实现需要中发展个性。学生集体是发展学生个性的重要条件。集体能够满足学生归属的需要,活动的需要,交往的需要,社会承认的需要,自我发展的需要等,从而促进学生个性的健康发展。

4. 在良好的心理环境中熏陶学生。不像个别教育那样,班集体巨大的教育力量还在于它无论什么时刻都在有形无形地影响着、熏陶着学生。集体一经形成,它就创设了一种社会情境和条件,形成一种心理气氛,对集体成员起着一种潜移默化的作用。学生的一切活动过程,都是对环境的积极适应过程。良好的集体,使人顺应好的环境与现实,与大多数人协调一致。集体的教育力量比家长、教师个人的力量大得多,是个别教育所不能代替的。

三、优秀班集体建设方案

(一)认真做好班情分析

班情分析,是组织和建设班集体的一项基础工作。班主任只有对班情作较全面的了解,才能制定组织和建设班集体的规划。班情分析应从下列几个方面进行:第一,班级学生的构成情况;第二,班级学生的家庭情况;第三,每个学生的爱好及个性特长;第四,学生的思想道德素质及学习情况;第五,班级任课教师授课情况;第六,班集体建设的历史;第七,影响班集体建设的社会环境、信息等等。

对班情作历史的、系统的、全面的分析和研究时应持正确的态度，要实事求是、认真细致，不仅要分析班级的过去，还要分析班级的现状，更要看到班级的发展。

（二）提出明确的班级目标

班集体的形成和巩固是以共同的奋斗目标为前提的。班级中有了令人鼓舞的共同目标，就能把所有学生吸引到集体中来，激发学生积极向上的强烈愿望，做到心往一处想，劲往一处使，在共同奋斗中逐步形成坚强的班集体。正如苏霍姆林斯基所说的："达到共同目标的愿望是一股把学生结成集体的强大力量。"一个班集体如果没有正确的、具体的、吸引学生的奋斗目标，学生就不会有统一行动，集体就失去凝聚力和前进的动力，就难以向前发展。

共同奋斗目标的提出要体现出方向性、整体性、针对性、可行性、激励性和参与性。方向性，指目标的提出一定要以党的教育方针和学校的教育任务为依据，体现出正确的政治方向。整体性，指目标的提出首先要符合教育的整体要求，同时反映出各阶段应达到的教育要求，其次要有群众性，能反映出大多数学生的愿望。针对性，指目标的提出必须符合班级实际情况，从学生实际出发，是切实可行的。可行性，指在提出目标的过程中，要考虑到该目标是否具有可操作性，所提出的目标学生经过一定的努力是可以实现的。激励性，指提出的目标一定要具有激励因素，能激发所有学生为实现共同奋斗目标而努力。参与性，指提出的目标能满足全体学生的自我需要和自觉要求，使不同类型的学生都有施展才能的可能。在提出共同奋斗目标时，班主任始终要发挥主导作用。在班集体尚未形成之前，共同奋斗目标可由班主任根据实际情况提出，随着集体的逐步形成，班主任应通过主题班会等形式，启发引导学生提出共同奋斗目标，使之符合广大学生的愿望和要求，继而化为全体学生的自觉要求和自觉行动。

班主任要对班级实施科学的目标管理，就应紧紧抓住目标的制定、目标的落实、目标的更换、目标的巩固等环节。目标的制定要体现出目标的远景性、阶段性、现实性、激励性。目标的落实要体现出形成的多样性。目标的更换要抓住有利时机。目标的巩固要注意督促检查、鼓励和指导。

设计奋斗目标要坚持远期、中期、近期相衔接。实现奋斗目标不能急于求成，也不能同时提出几个目标，要注意目标的针对性、阶段性，要实现一个提出一个。实现近景目标的时间不宜过长，尤其是在班集体建设的开始阶段，更要体现出目标的激励性，使学生尽快取得成功，得到愉快的体验。实现奋斗目标的行动难度应适当，也就是目标要体现出针对性和可行性，既不要轻而易举，也不能高不可攀，应该是学生“跳一跳”可以实现的，这样才有利于培养学生的成就感。

在实现共同奋斗目标的进程中，班主任还要帮助学生确立个人的和小组的近期、中期、远期的目标，使小组奋斗的目标和班级奋斗的目标结合起来。要使学生认识到班集体的奋斗目标是全班同学的共同要求和强烈愿望，是大家共同追求的目标。集体目标的实现又能为个人或小组目标实现提供良好的条件和可靠保证。个人或小组目标，是集体目标的构成部分。因此，学生个人或小组目标和集体目标越一致，行动自觉性就越强。班级奋斗目标实现得就越快。

奋斗目标的提出要有情感的激发，这是正确提出目标的重要基础。当班主任热情的号召及学生积极分子的发言充满了不达目标决不甘心的决心时，学生才会受到这个目标的鼓舞。如果态度冷漠，缺乏热情，即使目标正确，也绝不能唤起学生积极参与活动的热情。

奋斗目标的实际行动应和舆论宣传相结合。奋斗目标确定后，班主任要善于通过班会、主题班会、黑板报、墙报、班级标语、向全校交流等形式进行广泛宣传，并把各种奋斗目标概括为既能鼓舞人，又切实可行的鲜明、响亮的口号，使每个学生都进一步明确班集体和个人、小组的奋斗目标，在班级中形成一种每个人都为实现班级目标而贡献力量的氛围。

（三）健全班级组织机构，形成班集体核心

每一个班集体，都有一个健全的班级组织机构（小学是中队委员会，中学是班委会、团支部），一般由班长（中队长）、学习委员、宣传委员、文娱委员、体育委员、劳动委员组成，有的班级还设有纪律委员，它直接对班级纪律、班级活动、班级环境卫生、生活福利等进行管理和服务，在班级与教师、学校之间起一个桥梁作用。因此，组织和健全班集体必须健全班级组织机构，而要健全班级组织机构最主要的是要选拔和培养班干部，从而使班集体形成坚强的核心，有力地带动全班同学为实现共同奋斗目标而努力，这是组织和健全班集体的不可缺少的过程。

（四）建立和谐的班级人际关系

班级人际关系是指班主任与学生之间相互交流认知、情绪体验和相互影响的教育关系。班级人际关系好，表现为师生之间、同学之间彼此感情融洽，心情舒畅，经常充满着舒适感和安全感，还有着热烈而又健康的竞争和合作心理气氛。因此建立和谐的班级人际关系，能有效调动每一个学生的积极性，能在令人愉快的教育情境中消除学生中的不健康心理和不良行为，使学生的个性特长得以充分发挥，进而在班内建立良好的尊师爱生的师生关系，形成团结、友爱、平等、互助的社会主义新型同学关系。和谐的班级人际关系，同时也能增强班主任不断完善自身的教育工作的热情和信心，在师生共同努力下不断完善班集体。良好的班级人际关系是协调知、情、意、行诸要素的基础，也是诸要素的载体。

班级人际关系的种类及其建立有：

1. 学生与学生同学之间的人际关系，是班级人际关系最基本的结构，对于一个班集体，构成这一集体的最原始的成分，是其中的每一个学生。每一个学生在班级中的任何言行都将影响着自己和他人的学习、情绪和思想。因此，同学之间的关系是班级人际关系中最基本的也是最复杂的关系。形成一个互尊互助、团结友爱的同学关系，是组织和建设班集体的一项重要工作。

形成一个互尊互助、团结友爱的同学关系要做到：

第一，要树立班干部群体的良好形象。在同学关系中，班干部的形象是个十分重要的因素。如前所述,班干部应具备的较高素质和发挥应有的作用,才能协调好同学之间、学生和教师之间的关系。

第二,做好个别学生的工作。在一个班级中,总有几个个性独特的学生,他们在个性心理品质上甚至存在着缺陷,表现为与班级大多数人不协调,对集体持冷漠态度。对于这些学生,班主任要调动班干部和其他学生,帮助他们调整好个人与环境的关系,逐步形成良好的个性心理品质,对于班级中另外存在的一些不关心集体的学生,班主任要积极采用集体教育的方法,让他们感到集体的可爱和温暖,主动参与班级活动。

第三,加强对各种非正式小群体的引导。在班集体内常常会存在着各种由学生自发形成的非正式小群体。调查证明,一般每个班有6~8个伙伴群。对于这类小群体,班主任要运用妥善的教育方法,及时予以引导。引导他们扩大交友范围,将个人的情感融于集体之中,共同维护班级和谐的局面。班主任在进行引导时,首先要了解情况,对各个小群体进行分析,拟定不同的教育计划,然后根据不同情况分别予以解决。对于由于性格接近,爱好相同而经常聚集在一起的学生,要教育他们把个人爱好和集体需要联系起来,用自己的特长来为班级服务。对于一部分学生由于对某些干部或某些事情有意见而形成的小群体,班主任应及时做好深入细致的思想工作,使他们摆正个人与集体的关系,支持班级工作。在引导这类小群体时,有经验的班主任往往先从小群体“领袖”入手,取得事半功倍的效果。在班级中也有可能会出现受错误思想支配而形成的或经常违反校纪校规或反社会行为的小群体。发现这类小群体，班主任应及时教育，必要时向学校领导汇报，并求得有关方面的配合，及时对他们加强思想教育，采取妥当而有力的教育措施，尽量挽救他们。

第四，创造友谊情境，指导学生交流。班主任要悉心创设友好交往的情境，组织丰富多彩的教育活动，鼓励学生特别是那些不善交往的学生介入交往，并让他们懂得，互助友爱是集体中必不可少的。应该理解别人，关心别人。同时应使学生懂得友谊和竞争的关系。提倡社会主义的友好竞争，是在合作基础上的竞争。从而，促成班级成员间更高层次的友爱合作。

总之，在形成互尊互助、团结友爱的同学关系的过程中，班主任要对所有学生倾注满腔的爱，并激发学生爱的情感，使整个班集体充满友谊和爱。

2. 班主任与学生一个和谐的班集体的组织和建设，离不开和谐的师生关系的形成。和谐的师生关系就是一种师生相互尊重信赖的关系。信赖感是班主任做好一切教育工作的基础。我们每一个班主任都要注重和珍惜信赖感。这是每一个班主任都不可缺少的信赖感，它是由教师的道德品质——人品产生的，例如他是否以身作则，努力工作；是否充分理解学生的心理，一言一行对学生有益，办事是否公道，表里如一。教师人品中最重要的是不以自我为中心，设身处地为学生着想。班主任必须是一个“利他型”的人，必须是一个对教育事业高度负责和对学生高度尊重的人。以尊重感和责任感为前提的信赖感，是师生关系的最重要的纽带，是班主任发挥教育作用的最佳渠道。

怎样建立和谐的师生关系呢？首先应建立班主任对学生的

信任感。要建立这样的信任关系，要求班主任具有正确的教育思想，对自己的事业具有强烈的使命感、责任感、奉献感。无论在顺境还是逆境，都能一心扑在教育祖国下一代的事业上，以培养社会主义建设事业所需要的人才、提高整个中华民族素质为己任，对学生有一颗爱心，信任和尊重每一个学生。

其次要形成学生对班主任的信赖关系，即学生对班主任尊重、相信、依靠。合格的班主任能将德育的基本任务化解成具体的班级德育目标，然后又转化成每一个学生的德育要求。班主任以自己高尚的人品为楷模，以高度负责的态度，通过多种方式千方百计提高学生的道德认识、道德情感和养成良好的道德行为习惯。学生也因此从班主任那里得到道德需要的满足，而对他由衷地尊重。他们会相信班主任是自己走上成熟之路的引路人，相信班主任能帮助解决种种人生疑难问题，把班主任当成到达人生彼岸的引路人。

在班级人际关系中，还有其他科任教师与学生的关系，也应形成信赖关系。

（五）培养和建立正确的集体舆论

集体舆论，就是指在集体中占优势的，为多数人赞同的具有一定道德意义的言论和意见。它们以群众议论、褒贬的方式肯定或否定集体成员的言行。正确的集体舆论是学生自我教育的重要手段，也是形成和发展班集体的巨大力量。正确的班集体舆论的形成，是班集体形成的重要标志之一。

正确的集体舆论一旦形成，就能鼓舞、激励和约束学生的言行，提高学生为实现共同的奋斗目标及发展自己特长而努力的自觉性，能大大发挥班集体的集体教育力量，使班集体沿着健康的道路成长。实践证明，集体舆论越健康有力，就越能激发学生的集体荣誉感和责任感，班级凝聚力就越强，班集体就越巩固。同时，正确的集体荣誉感能促使各有特色的良好班风和优良班级传统的形成，两者一旦建立后，就会形成更有力的集体舆论，使班集体更加巩固。

培养和建立正确的集体舆论应注意以下方面：

第一，进行思想政治道德品质的教育，加强正面引导。建立正确的集体舆论。首先要使学生树立正确的是非观、荣辱观和美丑观。班主任要通过晨会课、班会、主题班会，宣讲学校常规、行为规范训练及其他教育实践活动等途径，来提高学生的思想道德认识水平，为建立正确的集体舆论打下坚实的思想认识基础。另外，班主任要善于抓住教育契机，加以种种强化，将学生的良好行为固定下来，这对于建立正确的集体舆论会产生良好的效果。如有一个班级的一位学生得了血癌，班内有几个同学悄悄捐款买了补品去看望他。随后，由班委出面向全校发出捐款倡议。班主任掌握这一情况后，立即召开班会，一方面肯定了学生的做法，另一方面引导学生懂得，关心同学只从财物上关心是不够的，更主要的是从思想上、精神上去关心、爱护同学，帮助他树立生活的信心。以后，学生们经常自觉地分批到生病同学的医院里，跟他谈学校里的新鲜事，给他抄听课笔记，辅导他学习，使这位学生深切感受到了同学的友爱、互助之情，树立了生活信心。从此以后，班级中同学间应相互帮助，团结友爱的集体舆论便逐步建立起来了。

第二,树立榜样,及时表扬。榜样是值得学习的英雄模范及其事迹行为,榜样的力量是无穷的。青少年,模仿性强,他们常以革命领袖,英雄人物的光辉形象激励自己,把最尊敬的人的一言一行作为榜样。对榜样共同学习,常可以在班级内形成一个共同的思想氛围,这就是正确的集体舆论形成的起始。因此,有经验的班主任都十分重视榜样教育。

第三,严格要求,反复实践。在建立正确的集体舆论的过程中,学生的思想总会有反差。因此,班主任对班级中发生的任何不良现象,都要及时批评教育,做到态度明朗、是非分明、真诚相见,绝不可以似是而非,模棱两可。对个别情节严重,而又屡教不改的,要加以公开批评甚至处罚。当然,严格要求也应讲究方法。在严格要求的同时,班主任还应让学生通过反复的道德实践,养成良好的行为习惯,引导学生将外部的教育要求,内化为内心的品德需要,升华为自觉行动。

第四,利用宣传阵地,开展舆论宣传。班主任要指导学生善于利用墙报、黑板报、专栏、班级日记等阵地,开展问题讨论,抓住学生中出现的闪光点,对不良言行进行批评,使正确的集体舆论得以巩固。

(六)培养自觉的纪律

所谓自觉纪律,就是指学生将外在的纪律要求转化为学生自我品格修养的内在要求和自觉行动。班级自觉纪律形成的过程,也正是班集体形成的过程。一个班级如果没有形成自觉纪律，就谈不上班集体的形成。因此，培养自觉纪律是组织和建设班集体的保证。

在对学生进行自觉纪律的培养之前，我们应该对纪律有个正确的认识。首先，真正的纪律应该是不需监督的自觉的纪律。自觉纪律的形成必然要依靠良好的教师集体和组织完善、统一的学生集体的教育。自觉纪律表现为：当一个人单独在一个地方的时候，也应当知道应该有怎样的行动。其次，纪律是教育的结果。因为，学生养成纪律的过程实际是教育学生与不良行为作斗争的过程。在我们的工作实践中，还往往把纪律当作消极性的限制、束缚，这是一种不正确的认识。正如马卡连柯所说："纪律是集体的面貌、集体的声音、集体的美妙、集体的活动、集体的姿态和集体的信念。"再次，培养自觉纪律的方式应该是：要尽量多地要求一个人，也要尽可能地尊重一个人。因为，教师对学生自觉纪律的培养总是从提出要求开始的。

1. 班集体形成自觉纪律的三个阶段：

第一阶段是约法阶段，在这一阶段，班主任向学生说明有哪些需要遵守的集体纪律，以及为什么遵守这些集体纪律。学生只停留在认识和初步实践阶段，感到并不那么习惯集体纪律的约束，需要教师的督促。

第二阶段是自我约束阶段。在这一阶段，班级组织已经建立，班干部已能开展工作，集体舆论也初步形成，学生中有相当一部分已能自觉地用纪律约束自己。

第三阶段是自我要求阶段。发展到这一阶段，外部的纪律已转化为班级中大部分学生的自觉要求，少数不够自觉的学生也能自我约束,个别不遵守纪律的学生,在集体的督促下,违反纪律的行为会有所收敛。

2. 培养自觉纪律要做到:

第一,严格要求,讲清道理。班主任应把有关校内、校外纪律的要求一一向学生讲清,力求做到具体、形象。对已出现的违反纪律的苗子要及时纠正;对违反纪律的学生要分析原因,及时批评教育,讲明不遵守纪律的后果,并指出改正方法。最终使学生养成自觉遵守纪律并为集体荣誉而遵守纪律的品质。

第二,指导实践。自觉纪律只有靠学生反复的道德实践才能逐步形成。不少优秀班主任通过开展行为训练来进行自觉纪律的培养,取得较好效果。一般班主任经常在组织学生参与和进行校外活动中(如春游、参观、公益劳动、观看影剧、访名胜古迹等),因地因时,因人因事,有的放矢地进行纪律教育,也能行之有效。

第三,不断总结,不断提高。班主任与班干部一起制定出搞好班级纪律的计划,每个阶段进行一次总结性的讲评。讲评以表扬和赞许为主,尤其是对小学生;对极少数屡教不改的品质较差的学生,也应采取一些惩罚措施,如责备、公开批评、警告、降低品德、留校察看等。但惩罚应尽量慎用。

总之,对学生自觉纪律的培养,并不是一蹴而就的,在这种与不良行为作斗争过程中,会发生多次反复,需要班主任作艰苦细致的工作。

四、班集体的验收

对班集体的验收,就是有关部门、组织或个人对某个班级是否已经建设成了良好班集体的一种评估，是对班主任班级德育工作成绩大小的测定。

（一）班集体验收的意义

对班集体建设进行验收在整个班级管理工作中具有十分重要的意义。具体有以下五个方面：第一，教育行政部门通常经过对班集体建设的验收来全面提高班集体建立的水平，推进班集体建设理论研究。第二，对班集体进行验收，是学校进行德育管理的一种手段。进行班集体的组织和建设是学校德育的要求，通过验收可以检查班主任在班级德育中是否达到了学校德育管理总体目标的要求。第三，通过班集体建设的验收，可以调动班主任的工作积极性，提高班主任培养社会合格人才的自觉性。第四，在班集体建设的验收过程中，能够发现典型、发现先进、总结、推广德育先进经验。第五，班主任对自己班级集体建设进行对照验收，对于科学地组织和建设班集体更具有实践意义，可以及时发现问题和总结经验，提高班主任工作的理论水平。

（二）班集体建设验收的内容和方法

1. 班集体建设验收的内容：共同奋斗目标的质量；组织机构的健全；人际关系的和谐；集体舆论水平；自觉纪律水平；班级活动质量。

2. 班集体建设验收要注意：

整体性原则——对班集体建设的各方面的全方位验收。

方向性原则——是否坚持搞教育方针。

科学性原则——是否按教育规律建设班集体。

民主性原则——是否在班集体组建工作中发扬民主,班主任的民主性如何。

3. 班集体验收的方法有问卷调查、个别了解、日常观察、实际考察。

科学地组织和建设班集体,是一项长期、细致而艰巨的工作过程。上述几项工作是相互联系的,不能孤立地进行,而应在建设班集体的过程中有机地结合进行。同时,班主任还应该在建设班集体的过程中做好个别教育和正确处理偶发事件。且也不能忘记班集体和校集体的紧密联系,要引导学生在全校集体中找到班集体的应有位置,把热爱班集体的感情扩展到热爱学校集体,为学校集体争光。

只有在集体中，个人才能获得全面发展其才能的手段，也就是说，只有在集体中才有可能有个人自由。

——马克思

班集体建设评估

一、集体教学的评价

集体性教学模式的一个操作环节，评价的直接对象不是个人，而是集体，即课堂学习小组，以此影响个人。其主要目标是：①强化学生的集体竞争意识。②强化学生集体荣誉感。③通过以上两目标的实现，使学生树立乐于帮助他人学习的责任感。④锻炼学生对于否定评价的心理承受能力。评价的内容：①集体性学习活动的成果，包括正误率、效率、解题思路和方法等。②集体性学习活动本身，即在小组讨论中的行为表现，包括主持人的负责程度，成员的参与程度、主题的集中程度和成员间的互助表现等。评价的形式：①强评价，即按照

较为严格的标准评定成绩(分数或等第),并记入课堂学习档案,促使各小组之间互相比较,开展竞争。②弱评价,常指口头评价,一般性地表扬好的,推动中间的,鞭策差的。为了搞好评价,教师尤要注意方法的科学性与合理性,使之既能标示小组之间的差异,以促进组际竞争与组内协作,也能标示小组内部的差异,以促进组内竞争;同时又要标示集体性学习效果不同的各小组原先处于同一层次水平的学生(如不同组的优生之间、差生之间)的差异,使每一个学生都把个人学习与集体学习结合起来。

二、集体人际关系水平评价

按人际关系的思想水准,可将集体的人际关系划分三种水平:①一级水平的人际关系。其主要特征是思想基础的狭隘的个体性,即从个人意义的层次上与对象进行接触交往,从而形成一定的关系,与松散群体相对应。②二级水平的人际关系。特征是其思想基础的群体性,交往各方从所属群体的角度,从所认识到的群体存在的意义上而建立种种情感联系,一般来说,合作群体具体有这种特征。③三级水平的人际关系。其特征是思想基础广阔的社会性,是在社会主义人道主义基础上建立起来的一种人际关系,表现为责任依从关系与情谊性关系的和谐,对人的尊重和关心,对集体成员的一视同仁,对社会问题的普遍关心等,这是集体人际关系的理想境界。

三、班集体发展水平的评价

以班集体发展水平为对象,运用教育评价的理论、技术与手段，系统地收集信息，对班集体建设的结果或过程的评定，它不仅对班集体建设的结果作出鉴定，为评比和表彰先进集体提供依据，而且通过对班集体建设过程的各个阶段和环节的工作质量的分析，改进工作，促进班集体结构及其功能的发展水平的提高。评价原则有：①方向性原则：学校要科学育人，提高学生的素质，以适应社会需要，为社会主义现代化建设服务。②科学性原则：遵循科学的原理和规律，使评价科学、可靠、可信。如建立评价指标体系要突出反映本质的指标；形成综合判断时要实事求是等等。③民主性原则：评价贯穿于班集体建设的全过程，但大量的评价表现为自评，要发动学生积极参与。即便上级领导部门组织的评价，也要重视自我评价的作用，广泛听取班集体师生的意见，与他们沟通思想，使评价真正起到反馈与导向的作用。④可行性原则：要从实际出发、从可行性角度组织评价，达到评价指标的可测性、评价工作的简易性、评价结果的有效性。

四、班集体发展水平评价的指导理论

班集体发展水平的评价，必须有科学的理论指导。其理论基础是教育科学。要根据教育和社会发展互相制约、互相促进的规律，评价班集体如何建立起主动适应社会需要以利于人才培养的新机制；要重新认识人的全面发展的理论，重视人的个性的全面、充分的发展，提高人的素质，评价班集体为此创设了多少条件；要按照教学进程的理论，评价班集体建设的全过程；要运用教育经济学的理论，评价工作的效率；要运用心理学的理论，对评价者和被评价者的心理进行及时有效的调节与控制，其

方法论基础除了马克思主义哲学，还有系统理论。系统理论中的整体思想、有序原则，动态观点和反馈原理等对于班集体发展水平评价的方法论，具有十分重要的指导意义。我们要据此分析班集体结构的合理性和发展的趋向，重视问题诊断，及时准确地反馈信息，以实现班集体建设过程的优化，达到班集体功能的优化。其技术基础是心理与教育测量学和心理与教育统计学理论。我们要据此按照评价指标体系的要求，研制必要的测试量表，并将这种量表复合应用，以获取评价信息，然后对反映评价指标的资料进行统计分析，结合运用前述的教育科学理论和马克思主义哲学、系统理论，推断班集体的发展水平。

五、班集体发展水平评价的功能

班集体发展水平评价的作用。可概括为：①导向功能：无论是制定评价方案，建立评价指标体系，获取评价信息，还是解释评价结果，都是评价者的价值观的反映，在客观上起着指挥棒的作用，必然影响班集体建设后继活动的方向。②鉴定功能，对班集体建设的结果、建设的过程、工作的态度做出鉴定，判定班集体的发展水平。③诊断功能，准确地看到应予肯定的成绩和经验，实际存在的问题和原因，并通过科学的解释，明确改进工作的方向。④激励功能，使班级之间、年级之间和学校之间产生横向比较和竞争作用，有利于鼓励先进，鞭策后进。

六、班集体发展水平评价的程序

班集体发展水平评价的先后次序。班集体发展水平评价的程序一般是：

1. 评价的准备：①制定评价方案，明确评价目的、组织、内容和方法；②建立评价指标体系；③按照指标体系的要求设计表格与文件，并力求准确、简明。

2. 评价的实施：①按照指标体系的要求，通过测试等多种方法和途径获取数量足够、质量可靠的评价信息；②按照评价指标体系的要求，对评价信息进行统计分析，为判定班集体发展的水平提供事实依据。

3. 形成综合判断：①确定质的临界点；②分析建设过程；③总结经验教训。

七、班集体发展水平评价的指标体系

班集体发展水平评价的指标群体。为了提高评价的科学性，需要把反映班集体发展水平的结构要素或功能水平的总体认识转化为对其局部认识的总和。指标体系就是根据这一需要而设计的。指标不是结构要素或功能的一般意义上的分解，而要反映其本质属性和特征。指标体系可分为状态和成果两个紧密相关，又互相独立的指标系统，分别与管理目标与教育目标相对应。状态反映班集体的内部结构要素。成果反映功能。结构要素有：

1. 集体目标：班级目标及其具体指标；班级目标管理计划；小组目标及其具体指标；学生个体目标及其具体指标；师生认同集体目标程度；师生参与实施集体目标程度。

2. 人际关系：学生对待集体；集体对待学生；师生关系；生生关系；正式群体与非正式群体的关系；班际关系。

3. 组织机制：干部配备；干部表现；小组建设；学生地位；团队组织作用。

4. 纪律：学生内在需要；遵守情况。

5. 舆论：评价活动；阵地利用；主导舆论；对待不同意见。

功能有：第一，全面发展功能：思想品德；知识和智力；身体素质；心理素质；审美；劳动。第二，个性发展：个性倾向性；个性心理品质；自我调节。其中有的还要继续分解，直至达到具体、可测的要求。有的难测的指标要选择合适的指标替代。还要对每一指标明确权重，即表明其价值的大小。还要对指标作分级描述，以便评价时据此确定指标达到的级别，再根据指标权重转换成分数，最后汇总并综合制定班集体发展水平达到的级别。

八、班集体发展水平的测试方法

班集体发展水平的考查手段。主要的测试方法有：①调阅资料。资料指用文字、图表、音频和视频等手段记录班集体建设活动的各种产品，如学生思想品德面貌、学习成绩、体质测定、体育达标率、近视率的数据，还有各种获奖凭证、班委会记录、班级日记、小组记录，光荣簿、兴趣小组活动作品、班级目标管理计划、班主任工作笔记和经验总结或论文等。②问卷。问卷内容的设计要以评价指标体系为依据，并注意结合被测试者的实际，力求准确和简明。问卷应用广泛，学生、班主任、科任教师、学校领导和家长等均可按不同问卷作答，但较多地用于学生自评。③谈话。谈话的对象包括班主任、科任教师、学生、学校领导和家长等，方式可小型座谈，也可个别交谈；谈话的提纲也要事先根据评价指标体系的要求和被测试者的实际拟好，并在谈话过程中灵活运用。④活动观察。包括听课、观看课外活动和社会实践活动、举行测试或班会等活动。测试或活动一般由评价者当场给学生出题，然后由学生自行组织活动，或在班主任教师予以临场辅导后开展活动。也有的由评价者按测试要求，与学生开展双边活动。

九、班集体发展水平的判定

班集体发展水平评价的最后一个操作环节。班集体发展水平的测试是一种事实判断，其所得结果是一组材料、事实和数据。要判定班集体的发展水平则还要做如下工作：①分析测试结果的准确性，定性结论源于定量性结果，而定量性结果的可变因素很多，要分析评价指标是否准确、测试内容是否适当、测试方法是否可靠、测试心理是否正常。②分析结构要素与功能的测试结果、自测与他测结果的一致性。为了提高评价的可靠性，我们常将结构要素和功能这两个独立的指标系统用于一次评价，用来相互印证。如二者测试结果相悖，不能为求一致而简单地采取相加求和的办法，而要如前一样，分析评价指标、测试内容、测试方法和测试心理，把真相弄清楚，后视实际需要作补测工作。如果自测和他测结果相悖，这要彼此沟通思想，必要时作补充测试，使双方的事实判断趋向一致。③形成综合判断：第一，确定质的临界点。如是相对评价，则可将综合评定值从高分到低分顺序排列，根据评定等级的多少，依次划定各等级的临界点。如是绝对评价，其临界点作为结构要素或功能水平的量的规定性，作为区分班集体发展水平等级的标准，是不以某一特定的评价为转移的。但为了确定临界点，我们又必须知道一些班集体发展水平所处的等级，因而确定绝对评价的标准，需从实际出发，不断修改完善。第二，确立正确的价值观，在实践中尤要纠正以德育目标替代班集体的全部目标、分数（文化学科的卷面考试分数）至上和以驯服作为纪律规范的片面认识。第三，分析班集体建设的过程，这包括班集体发展水平的前后变化、工作效率、工作态度等。最后，总结经验，诊断问题，以发扬成绩，有针对性地改进工作。

十、优秀班集体的命名

优秀班集体称号的授予。经过评价，人们可以根据班集体发展水平的高低，区分班集体发展水平达到的等级，评选出优秀班集体。命名优秀班集体工作：①展示优秀班集体的成果（即班集体的结构要素水平和功能水平），对全班师生的努力作出积极性评价。②给班集体授予荣誉称号和其他必要的奖励。③表彰科任教师集体，对班主任和科任教师分别颁发荣誉证书（一份自留，一份存学校业务档案）。④筛选并组织师生交流具有指导意义的班集体建设的新经验，给人以启发。

第四编

班主任的自身典范作用

在千军万马的战场上，元帅是军中的灵魂；在南飞的雁群中，领头雁是阵中的灵魂；在浩瀚的大海中，灯塔是航海人心中的灵魂；而在普普通通的校园中，在微不足道的班集体中，班主任才是班集体的灵魂，才是几十名学生紧紧围绕的核心。

教师的爱是滴滴甘露，即使枯萎的心灵也能苏醒；教师的爱是融融春风，即使冰冻了的感情也会消融。

——巴特尔

班主任的任务

我们强调班主任是负有特殊使命的教师,主要是从它的任务来认识。班主任究竟有什么责任,它的任务是什么,说法并不一致。有的班主任老师,虽然当了班主任,但对班主任应当承担什么任务也不十分明确。这样,班主任工作就有很大的随意性,因而对班主任工作的评价也时常出现偏颇。我们可以从以下七方面认识班主任的任务。

一、管理班级

班主任的一项重要任务是管理本班的学生。学生组成一个班级集体后,他们就是个有组织的群体,这个群体的主要管理者就是班主任老师。管理班级绝不是把学生“看”住,让他们听话、守纪律。有一些班主任由于对管理的意义认识不清,常常把主要精力投入到这方面。管理班级首先是一个大目标下的多方面的活动。班级管理的实质是使班级在班主任组织领导下,成为一个团结向上、井然有序、运作正常的集体。班主任的任务就是通过教育工作,组织工作,通过规章制度和发挥学生的多方面的积极性、主动性,使班级按预期的目标运行。

班级管理的内容很多,常规的管理有学习活动的管理,包括上课、课外作业、考试、学生的集体自修等;生活纪律的管理,包括考勤、日常作息安排、维持各种活动的纪律、清洁卫生、执行守则,保持学校正常秩序等;班级组织的管理,包括组建班委会,选拔各种活动组织的负责人,指导学生干部工作等;计划管理,包括制定班主任工作计划,班主任工作总结,学生短期活动计划,分项工作计划等;评价管理,包括学生的总体评价及单项评价(如操行评定、学习评定、身体评定、参加某项活动的评定、阶段性评定等)、对学生的表扬、批评、奖励、惩罚等;偶发事件的管理,包括学生中出现意外事故,学生离家出走,打架斗殴等。

管理班级是班主任重要的工作,管理是教育,也可以说管理是教育的基础,班主任不能把班级管理好就不能进一步开展教育活动。很多学校的班级,因为管理跟不上,班主任忙于对付日常的矛盾,结果事倍功半,班主任陷于没完没了的具体矛盾问题中,学生也失去了宝贵的受教育的机会。班级管理是个复杂的工作,其中每项内容都有很大的问题,但也都是有规律可循的。轻视班级管理,或者认为态度严厉一点,或者认为只要舍得花时间就能搞好班级管理,那是十分片面的。班级管理是每个承担班主任工作的教师的基本功,有理论问题,也有方法问题,还需要在实践中不断总结经验,这样才能有针对性的搞好班级管理工作。

二、指导班级活动

指导班级工作是班主任的另一任务，班级学生是班主任工作的主要对象。班级活动随着学校教育功能的扩大，随着学校教育的开放也日益繁多。这些活动包括日常学习活动、指导团队活动、组织文化体育活动、组织社会实践活动、组织班会活动、组织公益活动、组织课外科技特长兴趣活动、组织参观访问调查活动、组织军事训练和旅游活动等等。

班级活动内容广泛，又是教育培养学生不可缺少的，因此指导班级活动，就是班主任的又一重要任务。班主任要认真思考、精心计划、周密组织、切实领导这些活动。班级活动组织得好坏，对学生的健康成长，对学生的心理影响，对班级集体的凝聚力、对学生能否与班主任老师建立感情都十分重要。“活动”是教育人的最好手段，“活动”也是了解人的最好手段，“活动”还能促进班集体的面貌发生变化，“活动”也是促进学生成长、转化病态学生的有力手段。指导班级活动的好坏是班主任能否胜任工作的一个尺度，好的班主任都是善于指导班级活动的能手。

指导班级活动要有极强的计划性、目的性。每项班级活动都是班级整体工作的有机组成部分。组织指导活动要把握住目的、内容、效果及与班级总教育计划的关系。游离于班组工作计划之外，应时、应景的活动最好不搞和少搞；内容空洞、一哄而起的活动不要去搞；形式主义，甚至摆花架子，为了给人“看”的活动坚决不能搞。因为这些都有反作用，都有与教育目的相背离的东西。指导班级活动要力戒随意性，班主任不能兴之所至，或者虎头蛇尾，或者“活动”连续不断，这都会影响学生对活动的热情和投入。班主任指导班级活动要善于抓住教育时机，要做活动前的各种准备，争取一“点”就“燃”，而不能“煮夹生饭”。班主任指导班级活动要有新鲜感，要把学生的积极主动性调动起来，并要及时反馈，及时调节。

班主任指导班级活动有一个与共青团、少先队关系问题。共青团、少先队是独立的组织，他们有自己的组织系统和工作要求，有自己的活动时间。班主任与他们的关系不是领导与被领导的关系，班主任要尊重他们，并主动协调关系，指导他们的工作，使班级活动与团、队活动形成正向顺应关系，使团、队成员发挥应有的骨干带头作用。

三、教育影响学生

在所有班主任承担的任务中，教育影响学生是班主任的中心工作。应该说班主任所有的工作最终目的都是教育影响学生，使他们健康地成长。教育影响学生也是其他教师的任务，但对班主任更有其特殊意义的。首先班主任教育影响学生比其他教师责任更重大，他肩负着班级学生的全面教育和培养的责任。其次班主任能够通过多种教育渠道，采取多种教育活动方式，更直接更广泛地对学生施加教育影响。再次班主任能够有更长的时间教育影响学生，不仅平日接触学生时间更长，而且一般情况下带一个班的时间也较长。更具体地说，班主任带一个班就意味着对这个班的学生负有全面的责任，所以班主任比其他教师要更多地考虑如何教育学生，更主动地负起各方面的责任。从学生心理来讲，一般认为班主任是影响自己更大的教师，他们出现什么问题，也自然会依靠班主任老师来解决，这也给班主任更多的教育学生的机会。

班主任要在很多方面教育影响学生，主要有思想政治方面的教育，包括学生的世界观、人生观以及政治态度；伦理道德方面的教育，包括道德认识、道德感情、道德意志、道德行为的教育以及行为规范的养成；学习态度及方法的教育；身心健康的教育；适应社会的教育，包括人际交往的能力、礼仪、对社会现象的辨识以及社会责任感的培养；还有对特殊学生的特殊教育等。总之，班主任承担着多方面教育影响学生的任务，班主任要把这些任务归结到教育培养学生立志、修身、成才、进取、适应社会等方面。学生在学校读书，我们往往看不到他们有什么变化，好像在平平淡淡日复一日地生活、学习着，这就容易使教育者失去紧迫感。我们有些班主任老师，往往对病态学生或是对班级集体直接造成危害的学生有紧迫感，在他们身上花去很多的时间，这是对的；但对大多数学生的教育影响，则往往是一般化的，针对性不强的，甚至是随大流的，这样就达不到应有的效果。

四、协调同事

班主任只靠自己的力量还不能完全教育好学生，因而协调同事共同做好教育工作就十分重要。班级集体的组成除了班主任、学生之外，还应包括所有的科任教师。在学校内班级集体的任何活动都应该是班主任、科任教师、学生共同去完成。学生在校内受的是整体教育，组成整体的各部分都起作用，都起到别人不可代替的作用。任课教师通过讲授某门功课对学生进行开发智力，渗透德育以及其他教育活动，是对学生整体教育的有机组成部分。但各科教学工作独立性很强,如何使各科教学协调起来,这只能由班主任去完成。班主任协调各科教师,首先在教育目的上来协调,大家都明确应该在教学中突出什么,达到什么目的,那么学生所受教育的目的性就能够得到强化。因此班主任要经常与任课教师协调教育目的的实现情况,以求达到更大的一致性。其次,班主任要在活动安排上协调。各科教师在教学活动中都共同面对一个班的学生,有时难免活动碰撞和相互冲突,班主任应该起到协调作用,使班级各种活动井然有序。再次,为了更好地把握学生的情况,班主任要协调各科教师对学生情况的反馈,互相通气,并主动向各科教师介绍学生的更全面的情况,以利于科任教师开展教育工作。最后,班主任要协调各科教师共同搞好班级工作,使每位教师都增强责任心,都对班级工作关心和出力,与班主任共同做好班级工作。

除了协调各任课教师外,班主任还要协调校内有关部门,如图书馆、食堂、实验室、学生生活的负责人等。这些部门都是与学生在学校生活发生密切关系的地方,班主任要主动与他们联系,争取他们支持工作、教育学生、反馈情况。有的班主任不大注意这些部门,认为服务部门无足轻重。其实,学生在这些地方的表现很容易暴露出问题,也更需要受教育,而没有这些部门的配合,教育的机会和针对性肯定会差一些。

五、沟通家长

家庭教育对孩子性格的形成、素质的好坏以及实际的表现都有重要的作用。家庭教育可以成为学校教育的助力,也可以成为阻力。因此注重家庭教育,密切与家长的关系,加强与家长的联系是班主任又一重要任务。联系家长的主要目的是取得家长与学校教育的共识和一致;取得家长对学校教育的帮助和支持;了解学生在家庭、社会的表现,与家长研究共同的教育方法。

班主任与家长形成教育的合力,主要在教育观念和教育目的上要取得一致。有些家长在教育观念和教育孩子的目的上不够正确,甚至有悖于社会对教育年轻一代的总要求,有的家长常用错误的思想和教育内容影响孩子,这些都会与学校教育发生矛盾,都需要班主任去沟通和解决。班主任要努力使家长明确正确的教育观念,明确正确的教育目的,明确正确的教育内容和方法,否则学校和家庭就形成不了教育的一致。这是项比较艰难的工作,家长素质参差不齐,心态各异,使班主任与家长的沟通会产生各种困难,这都要求班主任去努力协调与沟通。

六、联系社会

随着提倡在社会大背景下教育学生,随着学校与社会关系的日益密切,班主任必须把联系社会作为自己工作的另一项任务。现代社会,学校培养学生已离不开广泛的社会信息,离不开千变万化的社会形势,因为这些都每时每刻地在影响着学生。同时,变化着的社会也需要学校培养出它所需要的人才。所以,学校与社会在教育目的、教育要求、教育内容和借助教育力量上都有密切的关系。班主任应重视沟通社会的工作,加强与社会的积极联系,使社会同学校形成积极的正向教育合力,把不利的社会影响作用,变得更小,更无力。

班主任联系社会主要是做三方面的工作。一是借助社会教育力量到学校来影响学生;二是把学生有组织有目的地放到社会上去接受积极影响;三是学校与社会合作,形成有组织地来往,使其成为班级活动的一部分。

未来教育的发展,将使学校与社会的联系更多更紧密更形式多样,班主任为实现这一任务将需要开展更多的工作,因此,班主任要加强这方面的锻炼,以便能更好地适应。

七、服务学生

明确地说,为学生服务是班主任的职能,也是班主任的一项任务。提出为学生服务是基于以下认识:第一、教师的职责就是为学生服务的,他们的一切活动都是为学生成长服务,为培养学生服务。离开为学生服务,教师就不存在了。广义地讲,以上叙述的班主任的六项任务都是为学生服务的。第二、具体地面对学生,班主任也要担负起各项服务的工作,班主任做好服务工作,是分内的职责,不是额外的负担。班主任为学生服务,可包括以下内容。

1. 生活服务。这是班主任为学生服务的主要内容,这种服务随着学生年龄的增长会逐渐有所减少。学生在学校的吃饭、住宿都要班主任去关注,他们的冷暖、卫生状况、吃住状况(尤其是住读学生),都要班主任过问并去做适当的服务,班主任对学生生活不闻不问漠不关心,不去为学生解决具体问题和困难,不仅会加大与学生的距离,而且也会造成教育上的问题。学生的身体保健、生活环境的卫生状况,甚至教室的光线、空气的流通、座位的距离等等,班主任也都要关注,并积极去创造条件,改变不合适的状况。在天气变化、环境变化、活动变化、学生身体情况变化时,班主任都要预先指点、提醒、帮助学生去适应、去具体操作。在学生遇到生活上的各种问题时，如生病、钱物丢失、经济困难、父母出差无人照管等等，班主任也都要主动耐心地为学生排除困难，使他们的生活学习不受影响。

2. 文化服务。在学生文化生活上，班主任也要为他们服务，使他们的文化生活积极健康有益，如给学生介绍好书、好文章、好电影等就应该是班主任的经常服务项目。班主任要注意搜集这方面的资料并经常给学生介绍，使他们尽量避免盲目选择，并得到有益的指点。班主任要帮助学生提高文化素养，指点学生穿衣、打扮、美化生活、提高文化情趣。有的班主任不注意这方面的服务，只是提出许多“禁条”，这是不恰当的。假如从服务的角度，帮助学生选择，不仅有教育的作用，也有益于学生与班主任的融洽，也会使他们提高文化层次。文化服务的内容很多，如在教室中给学生提供更多的报纸杂志，帮助学生参加校内校外文化活动，请文化界人士对学生做指导等等。

3. 学习服务。班主任除教好文化课，教育学生端正学习态度，改进学习方法外，还要对学生进行学习上的服务。如提供学习参考书，对学生进行课外辅导或家庭辅导，帮助学生请科任教师补课等。另外，班主任还要对学生其他方面进行服务，如升学、择业以及学生遇到的学习上的其他方面的特殊困难等。

服务与教育是分不开的，班主任做好对学生的服务有利于接近学生了解学生，也有益于对学生的教育。从树立为学生服务的观念到做出为学生服务的工作，这是班主任不断提高的过程，也是班主任认识不断成熟的过程。只有把教育和服务结合起来，这才是班主任“服务任务”的到位，单纯地为学生“做好事”的那种服务不是我们所提倡的。

其身正，不令而行；其身不正，虽令不从。

——《论语·子路》

班主任与班集体的关系

在千军万马的战场上，元帅是军中的灵魂；在南飞的雁群中，领头雁是阵中的灵魂；在浩瀚的大海中，灯塔是航海人心中的灵魂；而在普普通通的校园中，在微不足道的班集体中，班主任才是班集体的灵魂，才是几十名学生紧紧围绕的核心。

班集体生活，对丁每个人来说都有一生中最值得怀念和回忆的往事；都有儿时的梦想和蓝天白云；都有青年时代的雄心勃勃和敢与日月争朝夕的胆量和气魄。我们每个人，从第一天背着书包上学开始，就从家庭生活、家庭教育正式转入集体生活、集体教育，就第一次感受到了大集体的温暖。在每个人的一生中，班主任的影响并不亚于父母对自己的影响，因为班主任不仅仅只是为学生传授文化知识，更重要的是班主任的一举一动、一言一行直接牵动着几十个学生的心。对学生树立正确的人生观、树立远大的理想，起着积极的作用。

班主任工作是最平凡的，平凡得几乎使一些庸俗的人瞧不起；班主任工作是最实在的，实在得容不得半点虚伪。班主任工作有时好像是最容易的，容易得不需说话，只用眼神；班主任工作有时好像是最复杂的，复杂得叫人不知从何下手。但是就是在这平凡的工作岗位上，才显示出班主任工作的重要性。班主任如果是一位画家，学生就是洁白的宣纸；班主任如果是一位作曲家，学生就是一个活泼可爱的音符；班主任如果是一个絮絮叨叨的母亲，学生就是她调皮的孩子。

一个班集体的好坏，与班主任本身有着密不可分的关系。班主任熟悉每一个学生，就如同老师熟悉每一篇课文；班主任关心每一个学生，更胜过关心她自己；班主任批评犯错误的学生，比批评自己的孩子还要严厉。班集体的荣誉，在班主任眼里比自己的荣誉还要重要，当班集体受到表扬时，班主任的脸上会露出轻微的笑容；当班集体受到批评时，班主任会一夜辗转反侧不能入眠。班主任和学生之间有着一个无形的纽带，把他们紧紧地联系在一起。一个团结向上、勤奋好学、充满朝气的班集体，全凭班主任精心组织班干部开展工作，带动全班每一个学生，为班集体所想，为班集体所为，使每一个学生能充分发挥自己的聪明才智，为他们提供能展示自己才华和能力的机会，使他们在大集体的熔炉中不断地锻炼和提高。

一、班主任对班集体的影响

班主任是班集体的管理者，组织者和指导者。他的一举一动、一言一行都影响着班集体的每一个成员，从而影响到整个班集体的班风、学风、凝聚力等。班主任对班集体的影响表现在：

（一）班主任的性格

每个班集体都有各自的特色。有的班级活跃，竞争意识强。有的班级班干部的表现欲望浓厚，班集体成员的荣誉感很强。有的班集体气氛沉闷，成员各行其是，互不相干，积极性差。这与班主任的性格有关。性格热情外向、活泼大方、认真负责、有宽容心的班主任往往会感染学生，引起性格内向和不关心班集体的学生无意或有意的模仿，从而带动整个班集体。相反，性格内向、孤僻、自私、刻板、冷漠的班主任同样也会感染到班集体的每个成员，使原本热情高涨的部分学生在潜移默化中丧失信心，班集体失去带头人。

（二）班主任的人际关系

班集体的每个成员对班主任的人际关系异常关心，有的教师对此特别反感，认为是学生有意探听老师的隐私。其实不然，学生知道班主任喜欢与谁在一起，与学校领导的关系如何，本校的教师领导如何评价他们的班主任，甚至班主任的婚恋情况等，都体现了他们想了解班主任的一种急切的心情。他们想迫切地知道自己的班主任到底是怎样的一个人，从而根据自己掌握的情况以及自身的体验对班主任作出一个评价，并以此评价作为是否要服从班主任管理的一个标准。如果班主任人际关系好，在师生中有口皆碑，就可以在班集体中树立起自己的威信，得到学生的尊重。这有利于班主任进行班集体的管理。

（三）班主任解决问题的能力

班主任在工作过程中会遇到各种各样意想不到的事情：同学之间闹矛盾，班干部辞职不干，有的同学劳动不积极，课堂上与科任教师发生冲突等。是否能解决好这些问题是班主任工作能力的主要表现，也是班主任能否在学生面前树立榜样和威望的关键性因素。班主任若是解决矛盾的能手，是班集体成员的救星，自然而然，学生遇到问题、碰到难题就首先想到班主任。这样做一方面有利于解决问题，不让问题越积越多；另一方面让学生有安全感，增加对班主任的信赖和崇敬，从而达到进一步管理好学生的目的。

（四）班主任的意志力

做事情贵在坚持。班主任工作繁、杂、多，而且还会随时有新情况、新问题出现，这就要求班主任要有良好的坚持性，一如既往地全心全意地为班集体服务。切忌虎头蛇尾，否则前功尽弃。班主任良好的意志品质可以带动全班同学积极地去克服面临的困难，增强克服困难的信心。如果班主任做事三心二意，优柔寡断，有头无尾，只凭一时的兴趣，就会挫伤学生的积极性。

（五）班主任的创新能力

班主任是否有创新精神和创造能力影响着班集体参加各种活动的积极性，具体表现在：班主任在管理班集体中是否会经常变花样。如果班主任老是用同样的模式管理学生，学生就会产生厌倦，从而对班集体活动失去兴趣。班主任是否能在参加学校组织的活动中想出与众不同的点子。如果班主任能帮助学生在参加学校组织的各种活动中展示出与众不同的特色，取得良好反应，会增强本班学生的集体荣誉感和自豪感，从而调动全班同学的积极性。

(六)班主任的学习能力

随着终身教育时代的到来，学习能力成为社会对每个人提出的最基本的要求。班主任的管理对象——学生不是一成不变的，他们受周围环境的影响，并且随着年龄的增长、自身知识经验的丰富等会发生变化。这种变化就要求班主任要不断地学习，提高自身的修养，来适应和更好地管理。如果班主任不具备自学能力，仍然在原地踏步，就无法胜任自己的工作。

总之，作为一名新时代的班主任，最起码要具备以上的素质，才能真正在班集体的管理中发挥应有的作用。

二、现代班集体对班主任的素质要求

如果把班集体比作一个交响乐团，那么班主任就好比是交响乐团的指挥，一个技艺高超的指挥能最大限度地调动每一乐手的激情、技巧，协调好相互间的关系，共同演奏出和谐美妙的乐曲。同样只有具备了高超的领导艺术的班主任，才能最大限度发挥每一位学生的潜能，并围绕某一中心目标共创良好班集体。班级之成为集体就不再是有一定数量的人组合成的简单的群体，它应有明确的共同目标、有良好的人际关系、有健全的组织机构、有健康的舆论、有效果良好的班集体建设活动、有自觉的集体纪律等基本条件。班集体建设中必备的基本条件与新的时代环境下的青少年的个性特点对班主任提了新的更高的素质要求。

（一）新时期班集体创建过程中，班主任应具备的素质

1. 要坚定正确的政治方向，在历史和社会发展的关键时期不动摇、不糊涂、不迷航。特别是当代开放的社会大环境容易引起学生认识上的模糊、偏差，这尤其需要班主任坚定立场。正己才能正人，只有自己有了正确认识，并将自己的理解、认识、体验融合到教育学生的过程中去，才能使自己的教育有说服力，才能帮助学生树立正确的奋斗目标为班集体建设奠定思想基础。

2. 要虚心好学，不断进取。在教育学生的过程中既要自信，又要自省。人们常说教师要给学生一杯水，自己得有一桶水，特别是今天，我们面临知识剧增的新科技革命的时代，面临我国改革开放和市场经济的新形势，大量新知识、新理论、新观念，信息如潮水般涌来。加之信息传播速度、广度的加快、加广，学生接触这些知识非常容易，这需要我们班主任及时、自觉、自主地顺应时代潮流，增加和更新自己的观念、知识、理论结构，有了相当的知识根底后在教育学生的过程中，才会言之有物，充满自信，从而引起学生的共鸣，不至于出现学生从厌烦空洞乏味的说教到厌烦老师本身的局面。在树立自信心的同时，还要不忘自省。因为当代学生的精神生活空间扩大，社会视野更为广泛，每当出现师不强于弟子局面时，我们也应遵循教学相长这一原则，这既有利于学生自信心、自尊心的培养，也有利于教师自身知识层次、德行修养的日益完善，使自己成为吸引学生的光源，为班集

体建设奠定良好的学生基础。

3. 要学会爱学生，对于不同类型的学生施以不同的爱的表达方式。优秀生在德、智、体几方面都能得到较全面的发展，因此教师往往忽视对其教育，而恰恰是这种忽视，使一些优秀生自身存在的缺点（如优越感强、耐性差、骄娇之气较明显等）不断扩大，无法发挥优秀生应有的模范榜样作用，也就缺少了集体建设应有的凝聚力。因此对于优秀生在德、智、体等方面应提出更高的标准要求，使之成为真正的全面发展的优秀生，成为班集体建设的领头羊。班中的后进生在心理上则较敏感、自卑，容易与老师产生对立情绪，差生特别是差生群体的存在不利于班级正确舆论及良好班风的形成，不利于班级活动的正常开展；因此，班主任在爱优秀生的同时，更要注重对后进生的关心爱护。古人说“亲其师而信其道”，在此基础上，纠正后进生身上的缺点就容易多了。老师对所有学生的一视同仁，有利于形成融洽的师生关系，为班集体建设创设良好的人际关系。

4. 要做会相马的伯乐，更要做会驯马的良师。班集体建设中各项活动，各项工作的展开需要具有各种才能的学生。“天生我才必有用”，每一位学生身上都有特长，都有可用之处，只要我们细心观察。因此做班主任的要善于发现人才，发现同学们身上的闪光点。同时一个人只有放在合适的位置才能发挥出最大的作用。因此，做班主任的更要善于使用人才，发挥同学们的特长，尽可能地提供适当的机会，让每一位学生发挥其才能，使其在不断地发挥自身才能的过程中潜移默化地增强自信心，完善自我，为班集体建设打下人才基础。

当然班集体建设中，除了需要班主任具备以上这些素质要求外，还必须具备开拓创新的精神，有较强的协调人际关系的能力，有较强的社会活动能力。

总之，一个具备良好的政治素质，积极进取，不断学习，充满爱心，富有组织能力的班主任必定能像一个成功的指挥家那样，在创建班集体的过程中得心应手、游刃有余。

（二）新时期班主任应具备的观念

21 世纪是充满机遇与挑战的，素质教育的实施、新课程改革的铺开，对德育工作、班主任工作提出了新的要求。面对机遇与挑战，班主任应当更新观念，积极提高自身素质，深刻认识和把握育人工作的本质特点与规律，采取科学的行之有效的方法，创造性地开展工作。

1. 现代教师观。班主任要树立现代的教师观，培养自己全新的思考问题的方法和角度，以及探索、研究、创新的能力，形成开放、发展的知识观，保持对新事物、信息的敏锐感、好奇心。

2. 现代育人目标观。班主任的育人目标，不能仅仅是激励学生勤奋学习、遵守纪律、听话，更不能是为培养几个成绩优异的“英才”学生，因为这样的目标仅仅重视了极少数学生，背离了面向全体、因材施教的育人原则，其结果只能是多数学生在心理和身体上受到伤害，从而导致两个极端。被教师偏爱的学生一直在关怀和爱护的包围之中，时时受着教师宠爱，产生“优越”心理，因而意志薄弱，经不起任何打击，经不得任何挫折；而被教师遗忘的学生则被冷落、遭压抑，甚至受到教师歧视、同学嘲笑，产生“破罐子破摔”、“我就是不行”、“教师是‘敌人’”等各种各样的心理障碍。为了学生的健康成长，为了适应培养人的全面性的要求，班主任应树立全面育人的现代目标观，树立“人人都是才，个个能成才”、“没有教不好的学生”的育人理想。

班主任要有三种观念：一是既要立足提高学生的思想认识水平，又要丰富学生的道德情感，增强他们的道德信念的观念；二是既要启发学生勤奋学习，又要引导学生树立正确的世界观、人生观和价值观的观念；三是既要重视学生知识技能水平的提高，又要重视学生的身体素质、心理素质全面增强的观念。这样，确立了科学的育人目标，才会自觉摒弃简单粗暴的错误做法，走向科学育人、艺术育人、服务育人。

3. 德育全程观。爱护学生、尊重学生、信任学生、关心学生、帮助学生、鼓励学生、公平地对待每一个学生是教师的天职。现代心理学研究认为，要培养学生良好的道德行为习惯，要从提高学生认识、丰富学生情感、培养学生意志三方面入手，重视学生思想品德养成的全过程。极少数班主任对犯错误的同学采取严厉批评，甚至打骂教育。常常看见一些学生犯了错误被叫去办公室时紧张得大气都不敢出，出来却很轻松，丝毫没有改正错误的自觉性，形成“教师越教育，学生越犯错”的恶性循环……因此，班主任应树立全程育人的观念，做工作以正面引导为主，多以理服人、以情动人、以行育人、以意志磨砺人、以榜样鼓舞人。对学生犯错误应从多角度分析，重在帮助学生认识并改正错误。班主任要讲究语言艺术，避免以自我为中心，平等、民主地和学生交流，还要讲究批评艺术，采取有效的方式积极引导、帮助、教育学生。

4. 育人多角色观。班主任应摒弃陈旧观念，实现从“保姆型”、“管理型”、“号令型”向“心理保健医生型”、”家长型”、“导师型”、“学者型”、“顾问型”、“同伴型”等角色的转变。当学生心理存在问题时，教师要成为“保健医生”，帮助其解决心理问题，形成健康心理；当学生犯了错误，教师可从教师、家长等角度分析错误原因，帮助其改正错误。班主任不仅要树立多角色的育人观，更要在教育中努力实现这样的角色转变。

> 教师个人的范例，对于青年人的心灵，是任何东西都不可能代替的最有用的阳光。
>
> ——乌申斯基

班主任与班集体建设

一、班主任在各方面关系协调中的角色定位

现代学校是以班级授课制为基本模式的。班集体是在班级授课制基础上以学生为主体,以社会化的学习和交往为特征的青少年社会。班集体是教育科学的一个范畴,我们可以把班集体建设视为教学科学中的集体主义教育。在大力提倡素质教育的今天,建设优秀班集体在教学中将发挥着巨大的功能。一个良好的班集体,“应该有与社会期望相一致的共同目标,有平等、团结、友爱、互助的新型的人际关系,有一定的自我管理机构,有健康的舆论和自觉的纪律。”班主任在创建良好班集体的过程中,不可忽视协调好班集体内外人际关系对于班集体建设的重

要作用。在协调各种关系时，班主任必须随时变更自己的角色定位，以便更好地发挥班主任在班集体建设中的作用。

(一)师生创建目标一致时，班主任是学生的“同志”

在创建班集体活动中，首先涉及到创建目标问题，班主任可作为班级普通一员的身份参加大家的目标讨论，共同确定学年目标、学期目标。班主任与学生的关系就像学生与学生之间一样，是一种同向共进的关系。班主任与学生一样应该有强烈的集体荣誉感，内心存在着真诚的创建热情和巨大的参与欲望，以此来感染学生、影响学生。让学生意识到班主任是站在他们中间，与他们是息息相通的，从而进一步激发学生的创建动力。一旦目标确立，安排参加各种活动是建设优秀班集体的载体和实施过程。学校举办的各项活动是培养集体主义精神的契机，学校活动都是以学生为主体的活动，但班主任始终是参与者、策划者、后勤服务者、呐喊鼓动者，始终是他们的共同奋斗者。班主任有多少力就得使多少劲，其结果是班主任的热情带动学生形成了强大的合力，成就大家共同的愿望。

(二)学生行为和创建目标不协调时，班主任是“舵手”

中学生正处于青少年心理发展的过渡时期，由于其情绪的两极性，认识的片面性，意志的动摇性和性格的脆弱性，都可能出现其行为和创建目标不相一致、不协调的现象。在这种情况下，班主任应定位于管理者的位置，掌握好前进的方向，当好班级的“舵手”。对学生要严格要求，决不含糊。与学校目标相一致的常规管理，必须从每一件小事做起，向学生提出明确的要求,加强行为规范的养成教育,使每位学生在日常生活中逐渐养成正确的学习态度,良好的学习习惯,掌握科学的学习方法。要按有关规定,对违背教育规律违纪违法的不良现象进行严格的检查管理。决不视而不见,袖手旁观。从而稳定教学秩序,创造良好的学习氛围。教育管理过程中,要注意对学生教育的公平性。对学生要一视同仁,既要关心和热爱自己的每一位学生,又要严格要求每一位学生,对他们关怀爱护,不可偏私。特别要注意对一些后进生的教育。常言道:尺有所短,寸有所长。表现差的学生不会一无是处,班主任老师应该满腔热情地帮助他,善于发现他的闪光点,塑造其积极向上的阶梯。接新的班级时,应特别注重了解每个学生的情况,包括学习情况、交友情况、家庭情况等等。特别注意原任课教师对该班学生的评价。对大家一致公认的差生,要进行客观分析。或许他们身上有很多的缺点,但作为班主任,更应该挖掘他们身上的优点,日后,为他们创设展示优点的舞台,找回他们积极向上的自信心,让他们觉得自己和别人一样是可塑之材。这样,也为批评他们缺点增加他们的承受力。作为班主任,这样做是为了营造一个平衡的氛围,不要让学生有特别优越或特别自卑的感觉,以更好地管理和教育这个班集体。

(三)协调任课教师和学生的关系时,班主任是"纽带"

任课教师作为法定的教育者、管理者,他们的管理方式、教学效果、价值评估直接影响班集体建设和发展。协调好任课教师和班级之间的关系,对创建优良班集体起着举足轻重的作用。

因此，班主任要努力沟通班集体和任课教师之间的感情，促进班集体成员和任课教师之间的紧密团结，使每一位任课教师都愿意为班集体倾注更多的热情，帮助班集体取得更大的成功。首先要缩短学生与任课教师的认知距离，共同确立创建优秀班集体的目标，加强师生之间的互相了解。当班主任接到一个新班时，除了充分了解该班学生外，对任课教师也要做充分的调查，了解各课教师的特点，包括特长、兴趣等等。利用晨会课、班会课向学生介绍各课教师的特色。尤其是那些有教学特长、爱岗敬业、殷切希望学生成材的教师，以增进学生对老师的尊敬和信任。另一方面，寻找合适的机会，把创建优秀班集体的信息恰当地传递给任课教师，把学生的良好愿望和学生的情况介绍给他们，同时把学生对该教师的良好评价反馈过去。促使任课教师除了完成教学任务外，自觉、乐意参与班集体建设，为班集体建设出谋划策。每逢重大节日，可以组织学生向教师表示敬意和祝贺。同时，把老师的表扬和善意的批评有效地反馈给学生，以此互相增进了解，建立和谐的师生关系。

（四）在协调班际关系时，班主任应为公正的“裁判”

在班际关系中，有时会出现学生个体、群体间人际关系的失调。常常表现在班际竞争活动中，不能正确看待对方班级的优胜。如果没有及时处理、正确的引导，甚至会出现打架斗殴现象。在协调班际之间关系时，班主任要有预见性，时刻把握班际关系的脉搏。一旦发生矛盾，要深入实际，及时调查情况，及时与异班班主任沟通信息。班主任教师在思想上要树立合作意识,取得互相谅解,多做本班学生工作,排除矛盾,形成友谊合作群体。平时,要运用各种教育手段,开展各种活动,对学生施加积极影响,强化集体主义教育,使学生意识到自我与集体、集体与集体的合作和统一。一般情况下,班际间发生矛盾,往往是同年级平行班之间发生矛盾,因为他们之间起点相同,有诸多的可比性。班主任往往是邻班的任课教师,平时,作为任课教师对邻班也要倾注更多的热情,在学生中树立威信,加深师生感情。这样,有利于班际关系的协调,也有利于创设良好的育人环境,形成和谐的班际群体环境。

班主任在协调内外关系时,要及时摆正位置,处理好各种矛盾。把班集体培养成一个具有强大凝聚力的组织机构和充满和谐人际关系的环境,从而顺利实现创建目标,促进学生健康成长。

二、班主任在班集体建设中的角色定位

当今社会,纷繁复杂,气象万千。学校教育在众多方面也成了社会生活的缩影。作为学校教育的基本组织单位班级,也犹如一个社会,而我们的班主任就是一个“社会工作者”;是传授知识、开发智力、塑造个性的“灵魂工程师”;也是班级这个小社会的“引路人”;是班级人际关系的“协调员”;也是班级学生进步的阶梯,成功的欣赏者;是班级集体创建活动的亲密的合作者、参与者;更是学生心理健康的指导者。一个优秀的班集体的形成离不开班主任的出色工作,在班集体的形成中班主任担当的角色是多元的。其目的是让班级成为学生的精神园地。

(一)班主任是班集体建设中的教育者和管理者

学校是培养人的场所,肩负着教书育人的光荣使命,而班级是学校教学工作的最基本的单位。作为学生接触最多,也是最直接的班主任理应首当其冲担负起教育者的角色。不仅要教给学生文化科学知识,更主要的是要采用多种方法,通过多种途径,对学生加强思想道德品质方面的教育,努力把他们培养成为社会主义现代化建设所需要的人才。

一个班级是由十几人或几十人组成的集体,班主任就是这个集体的领导。学生的学习和其他活动都是按集体的方式进行的。班主任必须意识到有效的教学往往与有效的领导相联系,建立良好的班集体要求班主任必须具有良好的领导作风、品质和才能。班级计划的周密制定,班队活动的顺利开展,班中学生生活的自我管理都离不开班主任的有效组织与管理。只有在班主任富有艺术化的教育与管理下,班级才能成为一个积极向上、秩序井然的优良班集体。

学校是学生学习的场所,是有纪律约束的。学生需要遵守学校的各项规章制度,学生学习文化科学知识才能有保证。首先要制订出非常细致的班规,班主任必须说话算数,讲到做到,并且奖罚分明。这对形成一个守纪律的班集体起到了奠定基础的作用。这样班上很快就会形成守纪律光荣,违反纪律可耻的风气。在严格的纪律约束下,学生就会形成纪律观念,慢慢地会受到养成教育。

(二)班主任是班集体建设中的心理工作者

班主任工作的特殊性要求其懂得心理卫生方面的知识和方法,能把自己的学生从惧怕权威、缺乏自尊心以及自卑中解放出来,鼓励学生表达自己的思想、理想并认可不同的意见和分歧,创造一个谅解和宽容的氛围,支持和鼓励学生自我提高、自我约束和作出创造性的努力。不懂得学生心理的班主任不能去帮助学生提高学习质量,不能很好地了解学生。对学生出现的这样那样的心理问题敷衍解决,或束手无策,或置之不理,这样的处理势必会有意无意伤害学生,甚至可能给学生留下终身的阴影。由于孩子学习竞争日益激烈,学习内容与实践活动的增多,他们在提高自身综合素质的同时所产生的心理压力和心理障碍往往被我们忽视。而这些心理因素的消极作用恰恰是阻碍孩子们健康成长的最大隐患。作为班主任,我们有责任也有义务担负起孩子们成长过程中的"心理医生"这个重任。因此,班主任作为学生的领班人,不仅要抓好班风建设,提高学生学习的积极性和自觉性,而且要注意加强学生心理健康教育,以培养学生对环境的适应能力及其健全人格的形成。对每一个学生的心理状态细心观察,及时防患于未然。

在更多情况下,我们要了解学生的心理,用温暖的话语,使学生通过自我反省,逐步从他律走向自律,这样,教师的教育就会收到事半功倍的效果。每个孩子都有一颗积极向上的心,只是有些孩子比较脆弱,遇到困难,一下子没有能力克服,产生迷惘,选择了后退,进而放弃,这时老师所持的态度与处理方法是

至关重要的。

(三)班主任是班集体建设中的导演和演员

在班集体中,教师要调动学生的积极性,要精心设计学生的活动,指导学生去完成某项活动任务,一名优秀的班主任就应是一名好的导演。在班集体中,处理班干部与其他学生之间的关系时,班主任同样要使自己处于导演地位,不必事必躬亲,但要给学生以明确的指导和全力的支持,使他们有搞好活动、搞好工作的积极性、主动性,有十足的信心,有高度的责任感,并积极鼓励他们创新。同时,班主任还要当好演员,因为班主任自身活动对学生的教育影响是深远的,班主任通过表情、声调、动作、姿态对学生进行心理感染和心理暗示。班主任在班级管理过程中所做的一切,都要对教育效果负责,而不是由个人情绪来支配。

(四)班主任是班集体建设中的社会活动家

班级活动是形成班集体,培养集体意识,造就优良班风的重要手段。组织开展丰富多彩、生动有趣的集体活动,能培养学生健康的兴趣爱好及特长;培养他们的创新精神和独立工作能力,学习和内化社会规范,积累社会经验,学会做人的道理,处理好各种人际关系;也培养了学生的团结合作自主竞争意识,使他们在交往实践中树立起正确的荣辱观、劳动观、公私观、幸福观等,以逐步形成正确的政治意识,能够识别真假,辨别美丑,判断是非,以抵御各种形形色色的不健康的思想侵蚀,以形成正确的舆论导向,确保优良班集体的形成。因而教师应珍惜集体的每一次活动,通过学生的参与让他们在活动中得到行为的评价而自育。

当今学校不仅是“复杂的课堂社会”，而且许许多多的班级活动，不能只在教室内、学校内进行，离开社会，班级管理很难进行。班主任为了进行班级管理，要和社会多种部门打交道，尤其是班级学生参加社会实践等活动，都必须由班主任事先进行联系和安排，否则活动难以开展。班主任必须具有社会活动家的能力，能跟不同的人，不同的部门打交道。

（五）班主任是班集体建设中学生进步的欣赏者

法国教育家第惠多斯说：“教育的艺术不在于传授本领，而在于激励、唤醒和鼓励”，而这种充满情感的激励、唤醒和鼓励，对于每一个学生都是值得的，都将会产生令人欣喜的力量。心理学研究表明，在鼓励中成长的孩子学会自信，在赞扬中成长的孩子学会自爱，在挑剔中成长的孩子学会谴责，在敌意中成长的孩子学会争斗。对于班级里每一个学生来说，他们都是处于发展中的个体，是逐步走向成熟的个体，而且这种发展具有差异性。差异来自遗传与环境的共同作用，存在于个体之间，存在于个体自身。就德智体美劳等方面而言，每个学生的发展是不一样的，因此班主任要承认这种差异，尊重这种差异。每个班主任都应该“蹲下身子，走下讲台，到孩子中间”，用儿童的视野看儿童，用学生的视野看学生，而不要用成人的眼光。当你用孩子的眼光去看他们所做的事时，你会发现另一种精彩。你也许还会发出感叹，也许还会感到震惊。因此班主任要学会赞扬，要学会说“太好了，你真棒”之类的赞扬的语言。班主任更要有一颗宽容的心，一双能发现学生闪光点的慧眼，欣赏学生的每一点进步，哪怕只是小小的进步，及时给学生鼓励、表扬，呵护他们的那一份来之不易的成功。这样就会使每个学生充满自信，使每个学生都能感受到自己在班集体中的价值。

班主任工作的特殊性和重要性决定了班主任角色的多元化。班主任在班级教育的过程中，要时时刻刻牢记自己的角色，不仅仅是“教书”，更重要的是“育人”；班主任不仅仅是班级之魂，更是学校开展各项活动的枢纽；不但要做好组织管理工作，更要当好学校、家庭、社会的交往使者和桥梁，在做好班级工作的同时不断完善自身的形象，努力钻研班主任的工作业务，提高自身的素养，为学生创设一片舒心的学习、生活天地。

要把学生造就成一种什么人，自己就应当是什么人。

——车尔尼雪夫斯基

班主任的自身素养

一、班主任的个人魅力

长期以来提及班主任工作，有人觉得千头万绪却不见明显实效，有人则游刃有余而成绩卓著，而寻求一个有效的突破口至关重要。诸多一线的班主任教师认为：提高班主任个人魅力就可以成为这样一个有效的突破口。

班主任的人格修养和为人师表的作用，对班集体建设产生了一些积极性影响，具体表现在以下几个方面：

首先，班主任的人格和表率作用，影响着集体核心的形成。有人说，班主任是创造未来人的特殊的雕塑家。因此一个有高尚人格和处处以身作则的班主任，以“向我看齐”为自我要求，就一定会在学生心目中拥有崇高的威信,他的一言一行自然会成为学生的楷模。实践证明,班主任严谨的作风、认真的态度、严格的要求、严于律己的精神,不仅能给全班同学树立榜样,也为班级干部作出表率。于是在班主任的影响和指导下,班集体的核心会自然简易地形成,全班同学就会自觉产生一种强劲的向心力和凝聚力。

其次,班主任的人格和师表作用,推动着班级正确舆论和良好纪律的形成。一个班级要有正确的舆论导向,首先要学生有正确的是非观,这就需要班主任的正确引导和培养。车尔尼雪夫斯基认为,教师把学生造就成一种什么人,自己就应当是这种人。班主任在学生面前应当既严肃又开朗,既庄重又亲切,既热情又理智,爱憎分明,“庄严自持、内外若一”,这样在班集体中就会产生正确的舆论导向,学生会逐步形成正确的是非观。把班主任置于学生榜样的地位,也就必然使班级建设中重要的纪律要求,趋向良性发展。

认识了班主任个人魅力在班级建设中的举足轻重的作用,我们就应该着力实施。

(一)为人师表,率先垂范,建立一种平等的师生关系

为人师表,就是指教师用自己的言行做出榜样,成为学生学习、效法的楷模和表率,这是教师的本色。正如《论语》所说,“子师以正,孰敢不正”、“其身正,不令而行;其身不正,虽令不从”,学生是教师的模板,是教师生命的延续。一个班级是班主任个性的延续,班主任应该率先垂范,言行如一,用自己的实际

行动教育学生。

班主任应以饱满的热情出现在学生面前,在潜移默化中感染学生、激励学生,并在此基础上营造一个众心向往的班风,铸就一个积极向上的班魂。

曾有人戏说学生的眼睛是"录像机",耳朵是"录音机",脑子是"电子计算机",最后这些综合信息就指导着他们的行动。可见,班主任的人格力量是巨大的,是任何教科书、任何道德箴言、任何惩罚和奖励制度都不能代替的一种教育力量。要建立良好的班集体,塑造学生美好的心灵,班主任就一定要以身作则——要求学生做到的,自己首先要做到;要求学生不做的,自己首先不做。

(二)尊重学生,保护其人格,建立一种民主的师生关系

班主任在工作中,如何对待学生,把学生放在什么位置,对学生能否培养主人翁责任感,形成集体意识,创建良好的班集体都至关重要。

一个班主任应该始终明确学生是与自己人格完全平等的人,是班级的主人,认真听取学生对班级工作的意见和建议,对于他们所做的工作,决不包办代替。在这个过程中,学生切实感到自己是班级的主人,学生参与班级工作的积极性就容易被调动起来,都认为自己对这个集体有义不容辞的责任,因此,总是想方设法要把这个集体搞好,这就是主人翁精神的萌芽,良好的班集体就容易形成。

学生对班主任的言行是比较敏感的,都希望得到老师的关

怀与教导，在班级管理中班主任应面向全体学生，做到公正、合理、不偏不倚、一视同仁。假如班主任总自以为是，独断专行，听不得学生的一点意见，一切都是自己说了算，缺少民主作风；那么学生在这种环境中生活，就很难体会到自己是班级的主人，即使他对班级工作有好的建议教师也不会接受，更不会采纳——久而久之，学生就不会把班集体当作自己的集体，不会主动积极地为建设好它献计献策，当然就更谈不上责任感。

集体意识的产生，经过不断强化，就可能成为学生道德意识的一部分。当他们离开教师的直接指导，进入社会，这个道德意识还将发挥作用：有助于他们以一个合格的社会成员的身份，以主人翁的精神面貌出现在他人面前，善于组织和参与各种性质的社团工作，勇于开拓，敢于创新。

（三）关心学生，做知心朋友，建立一种融洽的师生关系

师爱是学生接受教育的心理基础，是形成良好班集体的前提。唯有关心热爱学生，才能赢得学生的爱戴与信任，以及学生对老师的信任感和亲近感，从而收到“亲其师，信其道”的效果，形成良好的教育基础。

班主任大多有这样的经历：班上有几个“头疼”学生，老师对学生反复讲了道理，可他就是不接受，依然我行我素；后来他在一次偶然的场合中出现了伤病，老师带着去医院医治，这个孩子会在一定时间内相当“安分”。事实上，一旦学生生活上有困难你给予帮助解决，心中有了疙瘩你去解开，再“坏”的学生会下决心改掉自己的毛病，就会下决心听你的话，就会自责曾经对

不住你的事……这是什么原因？因为热爱学生是教育(也应包括教学)获得成功的基础,因为班主任这些关爱学生的言行举止,叩响了学生心灵深处的琴弦,引起其感情的共鸣,诱发他们改过向上的决心和意志,使其自觉懂得和接受你所讲的道理。老师感情投资越多,学生心灵就会越容易被你征服,学生就会对你言听计从了。相反,如果教师缺乏爱心,师生关系冷漠,双方心理隔阂严重,学生不仅不会接受教育,而且还会对教师的爱心产生抵制心理:表扬,学生认为是哄人;批评,学生认为是整人——在这里表扬和批评都成了教育的障碍。而师爱则会让教育显现成效。

一个班主任老师没有对学生的爱,要建设良好的班集体是很难的。如果班主任的个人素质中体现出一种“爱人”,就会使学生在生活中,不断体验人与人之间友爱、善良、公正、尊重、信任等美好的感情,进而逐步形成对人与人之间关系的正确认识。由于这种认识和信念有着坚实的思想感情基础,学生不仅会由单纯接受别人的爱,转变为爱同学、爱老师、爱父母,而且还会形成爱集体、爱人民、爱祖国的高尚情感和信念。

(四)向学生学习,建立互相促进的师生关系

发挥班主任的个人魅力,必须首先充分具备正确的政治素质、公平公正的道德素质、职业素质。二要博学多才。在教学与管理实践中,那些知识渊博、多才多艺的老师、班主任容易受学生欢迎。班主任若能培养与学生心理相通的情趣爱好,如集邮、音乐、绘画、体育等,或写得一手好字、弹得一首好曲、讲课洒脱

满堂生辉都能引起学生强烈的共鸣与好感，从而在学生心目中树立起美好的形象和威信，使学生由对老师的敬佩之情转为自觉服从老师教导的行动。

著名教育家陶行知说："千教万教教人求真，千学万学学做真人。"在班级管理中班主任一方面要不断提高自身各方面的素质，从理想境界上严于律己，从而使班级的日常事务瓜熟蒂落、水到渠成；另一方面在此基础上更加注重教育方法的研究，不断加强理论学习，吸收最新、最先进、最科学的东西，研究学生、家长、社会，以提高学生素质为前提，更好地适应新时期班级管理的新要求。

二、班主任的人格修养

教育家们乌申斯基说："教师的人格，就是教育工作中的一切"，"只有从教师的人格的活的源泉中能涌现出教育的力量。"班主任是与学生接触最多、对学生影响最大，跟学生保持密切交往的教师，因此，班主任的人格修养对班集体的建设具有决定性的作用。

（一）师爱是形成班集体的前提

热爱学生是教育教学获得成功的基础，没有爱，便没有教育。班主任唯有心里时刻装着学生，学生心里才可能有班主任。尤其是对待后进生，爱之深切，才能唤起他们奋发向上的勇气、信心与激情，冰释其心底积淀的自卑，大胆去寻找失落的绿洲，奔向健康发展的人生之旅。

爱是具体的，是需要付出的。当学生学习目的模糊，示以明确;纪律松弛,予以引导;生活困难,给以帮助;身体不适,给以关怀;进步,给以鼓励;懈怠,给以鞭策;苦闷,给以开导;疙瘩,给以解开……,这许许多多关心和爱护学生的行为举止,会叩响学生心灵深处的琴弦,引起学生情感的共鸣,学生的心灵会被征服,教育便有了基础。只有从真正的爱生之情出发,教育才是有效的。

俗话说,“严是爱”,严格是爱生的莫大体现,对学生的关心爱护要在严格要求中实现。严在教育,爱是感化;严在管理,严中注爱;严是形式,爱是内容;严是手段,爱是目的;严是说服,爱是力量。常言道:“严师出高徒”,“教不严,师之惰”。爱和严在教育中是辩证统一的,爱必严,严是爱,班主任要做到宽严适度,严爱统一,才能有效地培养学生良好地思想品质,行为习惯。

情,是班主任心灵深处缓缓淌出的沁人心脾的清泉,以情感人,才能增强班主任工作的感染性、有效性。学生虽社会阅历浅,知识面窄,有的甚至幼稚天真,但毕竟是有人格尊严、有思维、有丰富内心世界的人,他们不仅需要知识甘泉的浇灌,更需要情感雨露的滋润,需要理解和思想交流。情的投入是班主任教育工作的必然要求。“感人心者,莫先于情”,情感是师生间沟通思想的桥梁,是开启学生内心世界的阀门。

“随风潜入夜,润物细无声”。爱生是班主任工作的根本出发点和工作归宿,是形成班集体的前提。

(二)尊重学生是形成良好班集体的关键

班主任要确立学生为本的教育思想,树立教育为学生全面发展服务的理念，加强对学生集体意识，主人翁责任感的培养，这对形成良好的班集体至关重要。

班主任应认真听取学生对班级工作的意见和建议，尊重学生，讲民主，学生能做的事就让他们做，决不包办代替。如：根据学生的要求，适当调整学生座位，改选班干部，制定班级目标；根据学生反映，协调好各科老师间的关系；采纳学生意见，组织春游，搞班级活动，实行值日班长负责制……，在这一过程中，学生可以切实感到自己是班级的主人，对这个集体有义不容辞的责任，因此，总是想方设法，献计献策，要把集体搞好，这就是主人翁精神的表现，集体观念的体现。班主任要乘势加强教育，形成良好的班风、学风。

如果班主任独断专行，听不得学生的一点意见，那么学生的自主性得不到体现和尊重，学生的积极性被压制，久而久之，学生就不会把班集体当作自己的集体，良好的班集体的形成更无从谈起。

（三）以身作则，是促成良好班集体形成的保证

为人师表是教师的本色。著名教育家叶圣陶说："教育工作的全部工作就是为人师表。"孔子一贯倡导教师要以身作则、为人师表，他说："子师以正，孰敢不正。""其身正，不令而行，其身不正，虽令不从。"这就是说，教师要率先垂范，言行一致，用自己的实际行动教育学生。班主任更要以"行"服人，以身作则。

为人师表要求班主任有较高的人格修养。班主任的一言一行，对学生有潜移默化的影响和滴水穿石的力量。班主任的人

格力量是巨大的，是任何教科书，任何道德箴言，任何惩罚和奖励制度都不能替代的一种教育力量。要建立良好的班集体，塑造学生美好的心灵，培养学生良好的习惯，班主任一定要以身作则、为人师表。

为人师表要求班主任严格约束自己的一言一行、率先垂范。身教重于言教，班主任要以自己的高大形象作为教育学生的生动教材，让学生从班主任日常的生活点滴中悟出立身做人的道理。要求学生做到的，自己首先要做到。与学生一起出操，参加升旗仪式，与学生一起参加公益劳动，遵守纪律，上课不迟到，下课不拖堂，生活俭朴，不讲究吃穿，不违法乱纪等等。要求学生不做的，自己首先不做，切忌言行不一。班主任以身作则、为人师表是促成良好班集体形成的保证，否则，班集体建设将是一句空话。

班主任是班集体的核心，学生是班集体的主人。班主任的人格修养，影响着一个集体向心力，凝聚力的形成；影响着学生良好品德的形成；影响着班级良好班风、学风的形成。所以，班主任要不断加强自身的人格修养，在工作对学生倾之以爱，动之以情，晓之以理，导之以行，用自己的人格魅力、人格力量去感染学生，充分发挥班主任在班集体建设中的决定性作用。

第五编

班集体的管理和组建

没有规矩不成方圆，在班集体的建设上，纪律的约束是必不可少的。虽然在建立管理制度方面，成熟的做法很多，但还是有些班级的管理会出现问题。班集体管理和组建中，方方面面的问题都需要顾及到。因此在制定班级管理制度的时候，应该先了解学生，从学生的实际需要出发。

学校没有纪律便如磨房里没有水。

——夸美纽斯

班级制度的建立

一、班级制度文化的建立

班级是学校教育教学工作中的基本组织单位，班主任是班集体的组织者和管理者，其日常管理工作主要包括以下两方面的内容：一是对学生进行学习方面的指导，帮助学生明确学习目的，端正学习态度，掌握科学的学习方法，提高学习效率。二是对学生进行生活方面的指导，以培养学生品德和能力为核心。班级制度，是指党和政府的有关方针、政策、法规、条例、指令等和社会主义道德观念、行为规范、是非标准等在班级日常工作、学习和生活中的具体体现，是班级全体成员共同认可并自觉遵循的行为准则。制度是用来管人的，这是制度的强制性。但制度也是用来帮助人、教育人和引导人的，这是制度的教育性。虽

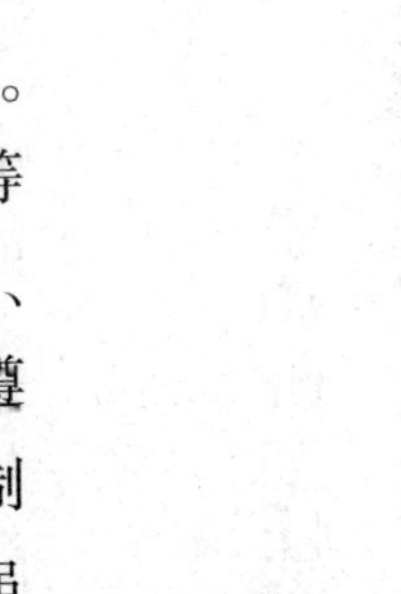

然制度的教育性是构筑在制度的强制性基础上的，并通过制度的强制性起作用，但不能因此忽视制度的教育性，甚至否认制度的教育性。有什么样的制度就有什么样的人，有什么样的班级规章制度，就有什么样的学生，就有什么样的道德观、价值观，甚至人生观、世界观。“道之以政，齐之以刑，民免而无耻；道之以德，齐之以礼，有耻且格。”就是这个道理。因此，必须加强制度的文化建设，深化制度的文化内涵，彰显制度的人文关怀。

（一）民主平等，营造和谐的班级氛围

班级管理要“两手抓”，一方面完善管理制度，另一方面要着手创立良好的班级文化。班级文化像“水”，学生像“鱼”；学生在民主、平等、健康的班级文化氛围中，会表现出一种愉快的心情、积极进取的精神。创设平等和谐的教育氛围，倡导师生之间互相尊重，培养学生的民主精神是班级管理中的一项重要任务。

首先民主平等表现在班级干部大家选。班主任虽是班级全面实施素质教育的组织者协调者，但学生更是班级管理的参与者。现在的学生在当今越来越民主的社会环境和家庭环境中逐渐有了强烈的民主意识。所以，当一个新的班级组建时，我们就应该在班内发动全体学生献计献策，对班级制度建设提出自己的见解。例如在选举干部时，首先教师在自己观察的基础上，先选举班干部，保证班级整体能够顺利运行。最好这时的班干部是临时的，等到时机成熟后，再进行正式的班干部选拔。在选举时，让每一位竞选者说说自己为班级同学做过哪些事？你以后

要怎么做？这样，学生就能选出自己心目中的班干部。同时对班干部进行培训，让每一位干部真正起到带头人的作用，成为学生的学习榜样。

其次表现在班级管理的任何一项规章制度的制定上。班干部竞选后，根据“学生守则”“教学常规”“行为规范”的要求，让每个学生把自己认为的班级制度写来，作为提案，由班主任汇总，然后把学生的意见让全体学生去表决，如果哪条措施或建议得到大家的认可，我们就把它作为班级制度确定下来。这样形成的班级制度能够真正地贯彻“从群众来，到群众中去”的群众路线，自然能得到大多数学生的遵照实行。按照这样的方式形成各项班级制度：从学习到作息，从生活到活动，就能够引导学生使自己的生活步入正轨，进入良性循环，逐步形成好的生活习惯和学习习惯，让学生的学习和生活步入快车道。由于学生年龄与认知的特点，他们的意识和行为还没能达到统一，“说”和“做”还不能协调。因此，班主任还应在一旁指导与帮助，引导学生经过思考、讨论、交流、总结，发现班级存在的主要问题。在充分认识的基础上，分析问题，提出相应的解决措施，从而制定《班级公约》，使之成为班级管理的准绳。在《班级公约》面前人人平等。下为某班《班级公约》范例。

1. 穿校服的要求：

(1)周一穿礼服，佩戴红领巾，穿皮鞋和白袜子。

(2)周二至周五穿运动服，佩戴队徽。

2. 早读的要求：

(1)回到课室后，先交作业，然后进行早读。

(2)值日生提前到校，清洁卫生后才早读。

(3)每个人都要认真早读，不吵闹，不窜位。

3. 上课的要求：

(1)课前做好准备，学习用品摆放在课桌左上角。

(2)上课认真听讲，积极举手发言。

(3)严格遵守课堂纪律，不吵闹，不随便发言。

(4)上体育课时，必须遵守安全规则，按照老师指定地点活动，不得随便离开。

4. 早操的要求：

(1)铃声响后，马上“快、静、齐”地排队做操。

(2)行进间不得推挤、阻碍、讲话，双手摆臂有力。

(3)做操动作要认真、到位。

5. 归程队的要求：

(1)放学后，立刻到指定位置，快、静、齐地排好归程队。

(2)排归程队时，同学们不可以故意阻碍、推拉别人。

6. 上专用室的要求：

(1)下课后，要马上排队，做到快、静、齐。

(2)上下楼梯要靠右走，不能拥挤、喧哗。

(3)在专用室上课，要安静、不吵闹。

7. 课间的要求：

(1)不能在课室、走廊、操场追逐、尖叫。

(2)去方便的同学，不能够拖延时间以致迟到，如果老师吩咐做事的另作处理。

8. 眼操的要求：下课铃一响，值日班长立即组织好全体同学做眼操，在这过程中不能说话、停下来做有损害集体的事情。

9. 值日生的要求：

(1)八点准时到校，清洁窗台、讲台。

(2)检查课桌、椅子是否摆放整齐，地板是否真正干净。

10. 卫生要求：

(1)不能带零食回校、回课室，注意保持清洁。

(2)在校食午饭的同学，弄脏地板要立即清洁干净。

11. 作业要求：

(1)教育学生自觉按时完成作业。

(2)每天进行作业情况评比，书写工整、错误少者可获一朵小红花。

在班中宣读后，请愿意遵守的学生在上面签名，并张贴在教室里，让它时时提醒每一位学生，同时每周进行考核表彰。

(二)人文关怀，量化管理，形成内在的制度文化

班级规章制度中，常常出现几不要、几不准等等。似乎只有用这些冰冷强硬的字眼，才能保证制度的严肃性，才会取得实效。这其实也是对学生的不尊重、不平等。这并不是文字运用问题，而是一个观念和思想的问题，需要深刻思考和研究。因此在规章制度制定时，首先我们把一些充满温情、关爱、希望的字眼运用到制度中来。就如结合学校德育工作，可以每个星期要开展文明班的评比。这对班级、学生而言，是另一层面的锻炼与提高，也是考验班级凝聚力的有效手段。对学生来说，更是养成一种良好行为习惯的好时机。第二，所定制度切实本班情况，有

计划地解决学生的突出问题,可操作性尽可能量化,从各方面客观指导和评价学生的品行和学习。根据班级的特点以及学生的实际情况,共同确立了努力的目标,制定相关的公约,以此来约束学生的行为,从而达到既定的目标。

人文化的制度,班级每一个学生都能乐意接受,并能自觉遵守。但班级制度的制订并不等于自然而然地形成了班级制度文化。班级制度文化的作用和功能的体现,要看班级成员所接受的程度。在抓好制度实施的过程中,班主任应注意以下两点:一要对学生加强宣传,使学生正确理解各项规章制度的内容,明确遵守规章制度的作用,以使制度得到学生的认同,从而将带有强制性的要求变为学生的自觉行为;二要积极创设条件,使规章制度能够更快、更好地实施。

在班级管理中,各位班主任或多或少地都在进行着班级文化建设工作,我们只要从培养全面发展的建设者和接班人这一总体目标出发,利用班级文化具有潜移默化性,自我教育性等特点,采取渗透的形式,把教育思想贯穿于整个文化环境中,充分发挥班级制度的育人功能,班级会由此而更加生机勃勃,进而为社会培养更多的优秀学生,为社会做出自己更多的贡献。

二、班级制度的构建

班级制度文化是指班级集体中以规章制度、公约、纪律等为内容的,班级全体成员共同认同并自觉遵守的行为准则和道德规范以及监督机制所表现出来的文化形态。当一个的某种行为通过反复的调整之后成为一种习惯,当大多都按一个大致相同的标准而就某种行为形成同一习惯的时候，这种集体习惯便会升华为一种制度文化。可见，变为一种班级文化的制度是一个集体自主内化的制度。班级制度文化建设的最终目标是使制度成为师生共同认可、接受并内化成自己的行为。针对当前班级制度文化发展中存在的不足，在班级制度的生成层面、班级制度的内容层面、班级制度的实施层面进行重构和创新，从而使班级制度文化的建设得到不断的丰富和发展，并最终推动班级管理向高度的自主和自治的良性化方向发展。

（一）班级制度生成过程的重构

在传统的制度建设中，班主任是制度的制定者和执行者，学生是制度的遵守者和被惩罚者。著名心理学家皮亚杰说："外部制约强加给的纪律停留在精神之外，基于相互尊重和合作的纪律才能植根于心灵。"因此，这种外部强加的制度只能停留在行为的表面，不利于学生的自我控制。著名教育家魏书生曾说："民主像一座搭在师生之间的桥，民主程度越高，这座连接心灵的桥就越坚固、越宽阔。"现在的学生有了越来越强的民主意识，所以，在班级制度生成过程中，我们应顺应时代的潮流，尊重学生的独立地位，尊重学生的参与权和选择权，让学生参与到制度的制定中来，体现制度生成的民主性。

1. 通过学习讨论使学生认识到建立班级制度是自身发展和班级发展的客观需要。在班级新的制度或公约出台之前，可以利用班会时间组织学生认真学习《学生手册》、《学生守则》、《学生日常行为规范》，给学生以适当的引导和讲解，同时组织其充分开展讨论,对漠不关心或持有异议的学生有针对性地组织课后个别交流与讨论,力争使每一个学生都能深刻理解到作为一个合格的公民所必须养成的良好行为习惯和道德素养,这是学生成长发展计划中一个重要的内容,同样也是将来成为优秀的社会公民的重要标准。在讨论学习的过程中,班级成员会对制度制定的目的、作用、制度的内容等,会有更清楚的认识和更全面的理解,学生认识制度的深刻性、贯彻制度的自觉性、维护制度的主动性会大大提高,从而使养成良好行为习惯和道德素养成为每一位学生自身发展的内在需要。

2. 通过学习讨论让学生自主构建符合本班实际的班级制度。制度的制定要具有针对性、可行性和科学性,可以鼓励学生以书面的形式就班级的表现发表看法,并倡导大家积极地提出相关的改进措施。然后,班委组织召开班委扩大会议对每一位学生的意见认真加以分析讨论,在此基础上向班主任提交一份分析报告,明确今后一段时间内班级重点应做好哪些规范行为和养成工作。班级的制度就这样在学生的自主反思和评价的基础上不断地诞生、补充和完善。例如,为了解决迟到这个老问题,可以让班干部牵头,将学生分成小组讨论:①为什么要准时到校?②迟到行为除了对自己,对他人还有什么不良影响?③迟到的深层心理状态是怎样的?④怎样才能做到不迟到?同学们通过讨论,对迟到的危害和迟到的心理达成了共识,并制定出了相应的制度。这样,通过的参与,理解了制度背后的价值——尊重与责任,遵守制度是对他人的尊重和对自己的负责。班级制度中的每一个要素都应该在班主任的正确引导下由学生们自己来生成。这样的班级制度中每一个要素都是学生们通过充分考虑个人与班级、班级与学校、班级与社会等诸多方面的关系之后,通过班集体对以上各方面关系的处理所做出的被大多数学生认可的优化选择。这样生成的班级制度中的每一个要素由于被同化成大多数学生的发展需求而充满着活力。

(二)班级制度内容的重构

班级制度内容的重构,旨在改变当前班级制度文化在制度内容的个性、发展性、科学性、开放性、生态性等方面存在不足的缺憾,构建出一套科学合理的班级制度内容体系。

1. 促进班级制度内容的发展。

(1)凸现个性。每一个个体迥然不同,不同的班级也是千班千面的。但是,目前看到的班级制度却给人千班一面的感觉,有的甚至雷同。这种现象说明了班级制度缺少个性,也就缺少了针对性和应有的效益。对于不同的班级自然应该有不同的制度来约束和引导,我们在制定班级制度时,应对自己的班级情况进行深入的分析:本班的长处在哪些方面?短处在哪些方面?形成过程中有怎样的不同经历?原有的班级氛围有着怎样的特点?班级成员的家庭背景怎样?除对现有情况的分析外,制定班级制度前还要有对班级未来状态进行思考:本班的未来目标是什么?在本学期,全体成员应该在哪些方面实现突破?具体到纪律、学习、文体活动方面,应该在哪些方面加强?这是对班级发展目标的分析。在制定班规前,引导深入讨论和分析班级现有状态,明晰班级未来的发展目标,才可能在班级原有的基础上，制定出立足本班实际情况的扬长补短的措施，由这些措施组成的班级制度才能最有效地促使班级整体文化和班级成员个体的和谐发展。

（2）体现发展性。班级制度应该随着班级学生的年龄和心智的发展而发展变化。每个班级在每一个学段、每一个学年，它的特点都可能是不一样的。学生有进有出，成员有了变化；学生在成长，有的进步，有的退步，结构有了变化；学生的兴趣爱好会转移，个体的意志品质会转变，年龄特征有了变化。因而，不同年级段的班级制度应该有不同的内容，不同的奖惩手段，显现不同的语言特点。立足于班级实际的班级制度也应该不断发展变化，形成一条具有个性特点的轨迹，这条轨迹显现着班级的发展与进步。另外，班级制度的发展性还体现在制度内容应着眼于学生的长远发展，不仅要告诉学生怎样做会有奖有惩，还应告诉学生怎样做才是对自己的发展有益处的，原因是什么。当前很多班级制定的制度往往是为了应付学校的相应考核，为了在考核中不扣分，所以，只注意对应学校操行评价条例列出相应的奖罚，却没有从学生的健康成长这个角度着眼来设计条例。我们不妨可设计一些这样的条目："临放学前，服从体育委员指挥，认真做仰卧起坐和俯卧撑以磨炼意志，增强体质。""每天早晨要用5分钟时间规划一下当天共有多少项任务按轻重缓急确定做事的顺序；每节自习课前先确定学习目标及具体任务量。"这些条目，并不直接关乎是否会破坏班级的纪律，其出发点是为促进学生的身心健康发展。而这点点滴滴的养成教育，对学生未来的发展却是有着重要意义的。

(3)增强科学性。班级制度应该符合学生发展的身心规律,其内容、要求和奖惩方式都应适合学生的年龄特点,符合教育规律,符合心理学、教育学的科学原理。但当前不少的班级制度显然缺少真正的推敲,不符合教育的科学性。例如,有的班规将扣操行分与写“说明书”的字数挂起了钩,“量化管理分每星期公布一次,所有被扣分者都要说明书,说明在做本条例禁止做的事时的心理活动以及今后打算。说明书的字数按每扣 1 分五百字算。”也有班规直接按错误的程度来决定说明书的长短。然而,规定“说明书”字数是否有真正的意义?1000 字、1500 字的说明书里有多少能是自己真情实感的表达?教育并不回避惩罚,但在爱的前提下,惩罚的科学性是可以进行推敲的,而且是必须进行推敲的:什么样的惩罚可以被所接受?什么样的惩罚不会对学生造成身心的伤害?

(4)扩大开放性。家庭、学校、社会是学生成长的环境,是相互联系的多个系统。但是在现行的班级制度中却不能见到班级与社会、家庭相互联系的项目。这与我国学校和班级长期处于一种封闭式的管理下是有关系的。班级制度中对于社会和家庭角色的忽视,体现了学校和班级文化对于社会文化的畏惧与排斥。我们在班级制度中应将社会和家庭列为可以帮助学生发展的积极因素,对其功能进行合理的开发和科学的应用。例如,我们可组建班级家长委员会,开设班级家长学校,健全相应的规章制度,每学期评选优秀家长学员,提高家长素质,为家庭教育的一致性打下良好的基础。

(5)实现生态性。当前,我们的学校教育中普遍存在着师生关系、生生关系、班级与家庭、班级与社会之间不和谐的现象，学生中的心理问题相当严重。这就要求我们制定班级制度时考虑内容的生态性，实现班级制度由管理性向人本性的转变，由权威性向主体性的转变，由刚性向柔性的转变，让学生在关怀和尊重中实现自我和完善自我，让班级洋溢出浓浓的人情味。

2. 构建一套科学合理的班级制度内容体系。我们从实践中体会到，要经营好一个班级，并取得实效，必须要有一套健全的规章制度。班级制度可分为两大类，一类是以空间为序的，制定的原则是：班级的事，事事有人做；班级的人，人人有事做。班主任可按空间范畴制订岗位责任制，如常务班长职责、团支部书记职责、班委会委员职责、值周班长职责、值日班长职责、课代表职责、物品承包责任制等。另一类是以时间为序的，制定的原则是：时时有事做，事事有时做。我们可按时间范畴制订各种常规，如一日常规、一周常规、一月常规、学期常规、学年常规等。为了发展学生个性，鼓励学生开拓进取，我们还可制订班级自主管理制度、班级文化活动制度、班级激励制度、班级德育分量化考核制度、班级奖惩制度等，并且在每项制度中都要有明确的管理条例。

（三）班级制度实施过程的重构

班级制度文化的作用和功能如何，要看班级制度是否被班级成员所接受。如果没有办法保证班级制度坚定地贯彻下去，班级制度就会流于形式，变成一个花架子，那也失去了班级制度应有的价值了。因此，我们必须重构班级制度的实施过程，使班级制度能更快、更好地实施。

1. 畅通信息反馈网络。在班级制度实施的过程中，班主任必须对下列情况进行全方位的、立体型的了解：①班集体在执行班级管理制度中的情况；②班集体在贯彻执行学校的各项规章制度和完成学校下达的各项任务的情况；③班集体建设的质量和班集体发展过程中存在的问题；④班集体中每个学生的思想、学习、工作和生活情况，要做到这些，班主任在班集体的管理过程中，还必须建立一套立体型的全方位的信息反馈网络，通过反馈的情况来全面了解各个学生的情况，全面了解班集体的建设水平，及时采取各种相应的措施和制订新的管理目标，修整原有的管理制度。

2. 让学生参与到制度实施过程中来。当学生违反了制度又不承担任何后果时，就不会遵守制度。因此让学生对自己的不良行为承担一定的后果是必需的，但承担的方式不是班主任一个人说了算。根据具体情况，可以有多种处理方法：①依据制度处理；②同违反制度的同学一起讨论应该承担的后果；③由全班同学共同讨论应该承担的后果；④班主任与家长合作处理等。例如，对迟到的同学，大多数可以依据制度让他自觉承担后果，但若遇到特殊情况时，就要具体问题具体分析。对一些个性腼腆或特殊情况下迟到的同学，可以同学生共同讨论应该承担的后果。而对屡教屡犯的同学，可以经过共同讨论，给予严厉的处罚。对一些由于家庭原因造成的，可以与学生家长联系，取得家长的支持。

3. 形成一个科学合理、切实可行的过程评价机制。在实施班级制度中，肯定会出现先进与后进的。为惩处歪风、激励后进、奖励先进，应形成一套以学生自主诊断性评价为主、班委成员集体诊断性评价为辅的评价机制，让每个学生都能在肯定与激励的评价机制中健康成长。班级内的各个成员在学习、活动、生活、劳动等各方面的点滴成绩都作为评奖的依据，在班级内设定“班级之星栏”、“班级吉尼斯纪录”和“班级进步奖”等奖项，定期评比，让每一个学生都有成功机会，班级不再是只有几颗“紧随月亮的耀眼星星”，而是形成“群星闪烁”的局面。通过开展一事一评，全班性讨论问题主题会等评价活动，让每个学生进行自我评价与调控，促使学生反思和确定新目标的次数增加，有助于学生培养自觉反思的习惯。多样、经常性的评价给了每位学生提供成功的机会，提供发展的空间，提供成长的天地，提供展示自己人生价值的舞台，同时也促进了学生集体观念、合作精神、创新意识、实践能力的提高。

遵守纪律的风气的培养，只有领导者本身在这方面以身作则才能收到成效。
——马卡连柯

班干部的选择和培养

班干部是班集体的核心，是班主任进行工作的有力助手，因此，班主任要重视班干部的选拔和培养，充分发挥他们在班级中的作用，带动全班同学和集体不断前进。

一、班干部的选择和培养

（一）班干部的产生方式

1. 任命制。即由班主任推荐和任命，这种形式常用在班级刚刚组建时，任命班干部能在一定程度上体现班主任的意图，由于学生干部的威望是外加的，所以往往缺乏学生的信赖，威信较低。

2. 民主选举制。即通过学生提名和投票选举产生，由这种方式产生的班干部众望所归，往往具有较高的威信，与大多数学生的关系比较融洽。

3. 自由竞争制。即在自由平等的气氛中，每一个学生都参与班干部的竞争，这样能充分调动学生“参政议政”的积极性，有助于优秀人才脱颖而出，也有助于竞争意识、民主意识和主人翁精神的培养。这种形式往往和民主选举等形式相结合，即首先竞争候选人，然后再通过民主选举，在若干名候选人中选出班干部。

4. 轮换制。即根据一定的规则，班干部轮流担任，一般与民主选举或自由竞争等形式结合起来选出班干部，以后定期改选，但原班干部必须全部或大部分更换，这种形式的优点在于每个学生都有得到锻炼提高的机会，他们会在自己的任期中发挥各自的聪明才智。

（二）班干部的培养

为了使班干部更好地开展班级管理，得到班内同学的支持，更有利于班级民主管理，班主任应当“放手而不撒手”，即放手去做，而不撒手管，具体而言，可采取以下“四步走”的战略。

1. 牵着走。当新的班级组合起来后，如果没有突出领导能力的人才，先让他们自由放松一段时间，使之在学习生活中互相接触了解，达到互相较熟悉的时候，选出班干部名单，再根据这些干部本身的气质和特点，分配具体的工作，然后召开班委会，提出每个干部工作的目标，让他们做好工作的第一次准备。

2. 扶着走。适度地加担子，实行半扶半放，让班干部对今后的工作提出设想，然后由班主任做审查。审查中的原则是：其一，每份计划都要带有本班特色，还要符合学校特色；其二，要有联系性，将班干部工作、班主任工作和学校各项工作联系起来；其三，当班干部还没有估计其计划能达到什么样的效果时，班主任可以和他们一起切磋。

可行的方法：如在班级中采取"班干部轮流制"、"值日班长"等办法促进学生之间的竞争意识。同时，班干部还要接受同学的监督与批评，打破班干部"终身制"，打破"干好干坏一个样"。此外，还要让班干部身上有压力，心里有动力。通过班干部组织的各项活动，更加自觉地参与班级管理工作，成为班级中自我教育的骨干力量。

3. 放开走。计划订好后，就应该有的放矢地实施。班主任应鼓励班干部要有开创精神，在工作中，要自己拿主意，凡是正确的符合学校、班级、集体利益的就要坚持，大胆去做，学生如果有意见，就直接找老师，让学生尊重干部，服从班干部的领导，使学生认识到尊重班委就是尊重集体，服从集体，给班干部创造开展工作的有利条件。班干部的思想放开了，大胆地发挥着自己的工作能力。召开班干部例会，开展批评与自我批评。

4. 跟着走。班干部虽然是班主任组织、管理教育的对象，但他们身上也有许多优点是值得班主任学习和借鉴的。他们思想进步，反应敏锐，有较强的独立性、自主性和开拓精神。班主任要和他们打成一片，严格要求自己，把自己融于学生之中。

二、班干部的管理

在班级管理中，对班队干部的配备与引导是极为重要的。班队干部是班主任开展工作不可缺少的小助手。但更为重要的是：班队干部的岗位是培养、提高学生综合素质、促进学生全面发展的课堂，它应该面向每一个学生。

如何使更多的学生在这一课堂里得到锻炼已引起越来越多的班主任的重视，促使他们做了各种尝试。其中“班干轮岗制”无疑是有利于面向全体学生，促进学生全面发展的手段。要保证实效，在运作中需注意：

（一）把机会给每一个学生

1. 保证班干部轮岗制的有效性。班干部轮岗，就是让全班所有学生轮流担任班干部。应当做到：先定岗，而后学生竞选上岗，组成第一轮班委。下一轮则由个人自愿申报，再根据申报人员构成情况及班级工作需要，师生讨论确定新一轮班委，轮换周期一般为一个学期。为保证班级工作的有效性和学生个体发展的全面性，在班干部轮岗制操作运行过程中，需要特别加强以下几个方面的工作。

（1）新干部上岗前加强培训和见习。在岗的班委在班主任指导下展开工作，两个月以后，一切步入正轨而且已摸索出较为成熟的工作思路，这个时候，选出下一轮班委，并让他们与现任班委一起参与班级管理，在工作中观察学习，现场取经。这样原班干部在实践中充当了下一轮班干部的培训老师，为新班委正式接管所有工作做了充分的准备。这样做，可以防止以前从未担任过班干部的学生上岗后出现手足无措的情况，否则易挫败其自信心，同时也会影响整个班级的工作成效。

（2）轮岗过程中加强随机指导。轮换中，新的班委虽然经过了“岗前培训”，但上岗后难免仍有许多问题和不足，班主任应时时注意把握全局，既要了解班级情况，又要掌握各位班干部开展工作的情形及他们的思想波动，适时加以引导启发，分析工作的成败得失，讨论提高工作水平的策略。特别是上岗之初的一个月，这一工作尤为重要。因此，实施这一制度并不是让班主任“放了假”，无事可做，而是加重了担子，需要动更多的脑筋。

（3）做好“下岗”后的人才开发和再发展工作。上一轮或几轮班委中“退居二线”的许多学生，在实践中积累了不少经验教训，逐渐变得成熟起来，对于班级管理来说是一笔巨大的财富，对个人发展也是一个极好的铺垫。为此，班内可设置助理班主任，从原班干部中选拔工作出色的同学担任，进一步发展其作用，并使之得到更多的锻炼和更大的提高。同时，新一轮班干部上岗后，难免有许多新问题，而且越到最后，越剩下那些较为内向、腼腆的学生，工作开展难免有些力度不够，这样，助理班主任的设置对这些新干部的成长，对于班级工作的发展又产生了新的意义。

轮岗制为每个学生提供了充分展示自己的舞台。由于主客观多方面的因素，班主任常常有意无意地忽视一些较为内向的学生，注意不到他们的长处，这些学生优秀的品质与某方面的特长又常常是隐含着的；某些较为调皮的学生又常因表面的淘气而淹没了他们的勇敢、正直、热心等闪光点。这两类学生一旦拥有了施展才华、展示自我的机会,往往比别人更珍惜,更努力。

苏霍姆林斯基说:“让每个学生都抬起头来。”我们说,“把机会给每一个学生!”相信每一个孩子,尊重每一个孩子,为每一个孩子的发展创造契机,这是每一个教育工作者神圣的职责。

2. 班干部轮岗制运作实践。担任班干部,能使学生比较自觉地规范自我行为,还能培养很多有益的能力和个性品质,如组织能力、责任心等等,班干部轮岗制具有很强的育人功能。具体措施是:

(1)培养核心。在第一学期首先要选举出班委,选出的班委负责开学后的前几周的工作,待到班委工作正常后才开始实施班干部轮岗制,将此后的职位和工作让贤给全班的每个组,原班委“退居二线”当顾问和评委,从而帮助小组值周班委开展班级工作,同时原班委作为全班的领导核心要有意识地分配在各个小组之中。

(2)分组与组阁。把全班学生分成五个左右的小组,每个小组作为新一届的内阁负责 2 ~4 周的全部班级工作,其中每个人分别负责体育、卫生、纪律、宣传等一项或多项工作,同时将擅长美术、书法、文娱、体育的同学尽量平均分配到各个小组中去。在小组值周班委内,可以首先竞选班长,通过竞选产生出全面负责的班长来,竞选后上任的班长开始在小组内组,利用班会时间要向全体同学公布每个人的职务,以便有针对性地开展工作。

3. 负责的范围和权限。小组中每一个值周班委,对一周内分管的班级工作都要有细致的记录,都要进行大胆的管理,每周结束后,每个值周班委对分管的工作都要在周一的班会上进行总结，针对所负责的工作要指出全班同学或突出的个人在行动上的优缺点和努力方向。在小组值周班委工作中，要给每个班委以奖罚权，执行奖和扣分的政策，让值周的每个班委及时表扬和奖励表现较好的同学，在值周期间如发现同学的缺点和错误，要通过扣分等措施进行制止。

4. 职位互换。等到下一次小组再值周时必须对原职务进行调换，从而有利于每个学生得到全方位的锻炼，同时也充分体现了机会均等的原则。

5. 对小组值周班委的评定。学期结束时，原班委的评委和顾问们要对每个小组值周班委进行评定和打分，将此分记入每个人的德育量化考核中。通过对每个人工作的评定，可以督促学生行为规范的养成和管理工作能力的提高，让学生在学会求知、学会做人、学会共同生活中有一个追求完美工作业绩的尺度。

（二）试行班干部轮岗制“四法”

1. 定期轮岗。每次换届都要保证 1/2 以上的新成员；在岗时间可以是 个月，也可是一个学期；每个十部的具体在岗时间由全班同学在评价的基础上，投票决定。

2. 竞争上岗。即根据“自愿、民主”的原则，通过竞选产生；竞争的主要形式是发表竞选演讲，向全班同学就治班方略、个人特长和自身修养等作出介绍和承诺，接受同学们的挑选和监督。

3. 老师导岗。干部轮岗，班内事务主要由当选干部自己思考、自己筹划、自己解决，但离不开教师的因势利导。教师应该站在他们前面引导他们，站在他们旁边辅导他们，站在他们后面督导他们，使干部轮岗制沿着健康的方向发展。

4. 同学评岗。班级每学期组织两次评岗活动，期中初评，期末总评。评价方法采取代表发言和学生座谈两种形式进行，如实评价优缺点，不作肯定或否定结论。评价意见登记在《班干部岗位评价表》上，作为新学期换届竞选的参考。

（三）班干部轮流制怎样避免形式化

“班干部轮流制”是促进全体学生全面发展的有效手段，但若操作不好，很容易流于形式，甚至给班级工作的开展造成困难。怎样避免“班干部轮流制”的形式化倾向呢？

1. 精心组织班队干部的“民主选举”和“民主评议”。选举前，应加强民主选干的意义、班队干部岗位设置等方面的宣传，使全体学生都认识到民主选举是一场公平的竞争，认识到自己有能力做好某项工作，能胜任某一职位，从而激发他们的内在积极性，唤醒他们的参政意识，并端正他们的“官念”；选举时，要让竞争者登台发表竞选演说，回答同学质询，并采用记名投票的方式进行民主选举；任职期满，要利用班队活动和晨会时间组织小干部述职，向同学们汇报工作开展情况，并让学生对他们的工作做出客观、公正、全面的评价，以纠正班主任对小干部以偏概全的认识，减少对小干部的偏爱，使小干部自觉接受同学的监督，养成为同学、为集体服务的观念，不断增强班队集体的凝聚力和向心力。

2. 注意小干部队伍的性别比例和类型比例。根据岗位配备干部时要注意保持适当的男女比例和类型比例，努力克服目前任用小干部“重女轻男”、“重智育轻它育”的倾向，应大幅度启用或多或少存在这样或那样缺点的学生，以最大限度地发挥他们各自的优势和特长，更好地适应班队工作的多样性。

3. 适当保留小干部骨干。班队管理有它自身的规律，小干部工作同样也是一门学问，所以，即便在班主任的指导下，新当选的班队干部也未必能顺利地开展好各项工作。因此，进行干部轮换时可以通过连选连任的方式，适当保留原有小干部中的1/4至1/3继任新的职务，以便于新老衔接，保持工作的连续性、稳定性。

4. 关注“弱生”。每个学生都享有受教育、受锻炼的基本权利，关注“弱生”是尊重学生享有这些权利的重要指标，我们应该想方设法创造机会，让“弱生”尝试担任一定的职务，使他们在为同学服务时克服弱点，拥有成功，实现自身价值。对于顽皮的学生，可以选那些明是非、讲道理、有能力的担任班队干部，并通过工作加压、角色期待，使他们实现自我完善，不断取得进步，进而影响和教育一批学生。

5. 加强对班队干部的培养。班队干部岗位是学生学习服务、学习民主、培养能力的课堂，而不是减轻班主任工作负担的一批能做杂事的“小助手”。实际工作中，有些班主任很少考虑对小干部的培养，甚至将他们置于同学的对立面，如检查纪律、监视学习。这会给小干部的自身成长带来较多的问题。因此，班主任应坚持班队干部使用和培养并重的原则，加强对他们的培养，通过开办班队干部学校、跟踪辅导、以老帮新、活动示范等方式，培训小干部的工作能力、服务意识、少先队基本知识、责任感等，同时注意扶放结合，随年级升高而渐渐放手，逐步培养他们工作的独立性、自主性和创造性，使他们学会做人，学会做事，学会管理，促进他们全面发展，健康成长。

（四）不妨多选几个班干部

在一个班级中应多设置几个职位，多选拔、培养几名班干部，这样至少有以下几点好处：

1. 减轻每名干部的负担。一个班级组织虽小，但工作却不少，如收发各科作业、负责打扫卫生、组织文体活动、督促学习、记录班级日志、向科任教师反馈教学信息等等。如果班干部人员太少，就会出现一人身兼几职的情况，这样就容易影响学生的学习和生活。

2. 有利于班级管理。由于班干部较多，每个人的工作内容单一，工作目标明确，因而容易把工作做细、做好。同时，由于班干部一带头，很快就能形成一种风气，产生较大的影响力。

3. 有利于全体学生共同发展。培养学生担任班干部，是培养学生能力、提高学生素质的一种很有效的方法，如培养其组织能力、管理能力、社交能力、语言表达能力等，还可培养其关心集体、关心他人、乐于奉献、积极进取等优良的思想品质。多培养干部或让学生轮流担任干部有利于多数学生全面发展。

教育贵于薰习，风气赖于浸染。
——郭秉文

创建良好的班风

班风，顾名思义，是指一个班级稳定的，具有自身特色的集体作风，又称之为“组织人格”。它既具有一般社会规范的普遍性，又具有班级的独特性，从一定意义上说，班风就是特定班级个性化的社会风范。班风是一个班集体的灵魂、核心和旗帜，对巩固和发展班集体，教育班集体的每一个成员有着极为重要的作用。

良好的班风是班集体不断发展的结果，是班集体形成的集中表现，它是班级成员的重要心理环境，是一种强大的教育力量。一个班级的班风建设好了，不仅能够提高学生的学习成绩，而且为他们的思想修养打下坚实的基础。良好班风的积极作用表现在它能潜移默化地对全班同学的思想、学习、生活及其他方面产生了积极而重大的影响,能使优秀的学生更奋发、更进步,激励中等学生不再安居中游,使后进学生逐步被同化。

良好的班风是良好教育情境的重要表现。所谓优良班风主要表现为:整个班级积极进取奋发向上,好人好事有人夸,不良倾向有人抓;学习目的明确,人人勤奋好学、个个学有所长、互帮互助、严守纪律、团结友爱;课外活动内容充实,多姿多彩;学生的主动性、积极性、创造性和主人翁精神获得充分发挥。优良的班风,只有在班级中大多数学生具有优良的思想、品质、作风时才能形成;而这种优良的班风一经形成,又反过来对形成、巩固和发展班集体,对教育班集体的每一个成员产生积极的作用。优良班风的形成,除了学生自身因素外,班主任的言传身教和教育技能具有相当重要的作用。

一、善于正确运用表扬、批评、奖励、惩罚等教育手段

(一)善于运用表扬与批评

表扬是对学生取得成绩的公开赞美,其目的在于鼓励先进,激励后进,使正确的思想和言行得到认可,并发扬光大。青少年有强烈的自尊心,当他们的努力得到承认并受到表扬时,就会萌发出欣慰、幸福的内心体验,从而激发出更大的积极性,去争取更大的成绩。批评也是一种正面教育,是帮助学生改正缺点、控制不良心理行为的一种必要的和有效的手段,恰当的批评,不但

不会损伤学生的自尊心和自信心，而且和表扬一样能调动学生的积极因素，鼓励他们积极向上。所谓善于运用表扬与批评，这里的“善于”指的是无论表扬或批评都要达到激励的效果。如果表扬的结果，只是少数人洋洋得意，多数人悻悻不服，一些人趾高气扬，一些人垂头丧气，那就称不上“善于”了。如果批评的结果，损伤了学生的自尊心和自信心，扼杀了学生的主动性和积极性，甚至使他们一蹶不振，那也就称不上“善于”了。总之，表扬要本着原原本本，遵照事实，依靠事实本身的说服力来发挥它的榜样示范作用，尽量避免随心所欲地渲染夸张，要客观、公正，符合学生的心理特征；批评要严中有爱，理正气和，不可感情用事，信口开河，要注意场合，讲究程度和分寸，要保护学生的自尊心，使他们感受到批评确实是为他们好，是诚心希望他们进步。

（二）善于运用奖励和惩罚

奖励和惩罚都是一种强化。它可以对人的复杂行为起到一种反馈作用。在这里，强化与反馈构成了条件反射理论的核心成分。把这种理论运用于管理过程，就产生了“行为修正激励理论”。这个理论指出：当行为的结果有利于个人时，行为就会重复出现，起到强化激励作用。如果行为的结果对个人不利，这种行为就会削弱以致消失。在管理过程中，对人的某种行为给予肯定或奖励，就会使社会期望的行为得到巩固和保持，这就叫做“正强化”。它能使学生在心理上产生一种积极向上、愉快的情绪。奖励的形式有奖赏、表扬和赞许等。相反，如果对某种行为给予否定或惩罚，就会使社会期望的行为减弱、消退，这就叫做“负强化”。它能使学生在心理上产生一种内疚、痛苦或不愉快的感情，从而使学生认识到自己的缺点、错误，并吸取教训，去克服自己的不良行为习惯。常用的惩罚方式有批评和处分两种，在班主任职权内，只有批评一种方式；但在学校做出对一个学生的处分决定时，是一定要征求和重视班主任意见的。为此，班主任要实事求是地分析、评价被处分的学生，以便向学校提出自己的看法和意见。

班主任在运用奖励和惩罚手段时，一定要在“善于”上多做文章。所谓“善于”，第一是指奖惩要从实际出发。奖励时要留有余地，不能过头；惩罚时要从教育的愿望出发，不能对其他方面的优点、长处，采取一概否定的态度。还要考虑到学生的年龄、性别、个性、平时表现以及是初犯还是屡教不改等等。第二是指奖惩要适度。奖惩作为一种教育手段，不宜滥用。特别是惩罚更要慎用，如果用得过多、过重就会损害学生的自尊心和进取心，从而失去教育意义。第三是指实施奖惩手段时要注意全班学生的情绪，尽可能地取得学生集体的理解和支持。班主任对学生的评价、奖惩，只有与大多数学生的评价基本符合并得到集体舆论的支持时，才会起到既教育个人又教育集体的作用。

二、要重视形成正确的集体舆论

正确的集体舆论，是指在集体中占主导地位的、能够扶持正气、伸张正义、遏制错误思想，阻止不道德现象的意见和言论。它体现了国家教育方针的精神，符合社会主义思想道德和法纪的要求，并以议论、褒贬的形式，对符合伦理道德、法纪要求、行为规范和整体目标的思想和言行，给予肯定、支持；对与此相反的思想和言行给予否定、批评。正确的集体舆论是班集体自我教育的重要手段，也是衡量班集体是否形成的重要标志。

实践证明，正确的集体舆论能够助长健康的和进步的因素，克服和纠正消极的和错误的东西，从而帮助学生明辨是非，激发他们的集体荣誉感和责任感，有利于维护集体的利益，巩固集体的团结，形成良好的班风。每个班主任都应该十分重视集体舆论在班风建设中的作用。为此要做到：

加强对学生的正面引导、正面教育，培养学生积极向上的进取精神，使集体中的大多数人，至少是班级中的骨干和积极分子要有正确的是非、善恶、美丑、荣辱等方面的观念以及比较强的识别判断能力，为正确的集体舆论的形成打下坚实的基础。

要有目的、有意识地组织和吸引学生参加各种集体活动，在活动中培养正确的集体舆论。正确的集体舆论也是只有在集体活动中才能得以形成。班主任要通过文娱活动、体育竞赛、社会实践、志愿者服务队、义务劳动等活动，培养学生对集体的荣誉感和责任感以及为集体增光添彩的良好习惯。

要充分运用舆论阵地，诸如班会、团队活动、墙报、黑板报、思想评论栏等形式，扶持先进，维护正气，抵制歪风邪气，不断提高学生判断是非的能力。

要把握住有利于使学生产生自我教育的时机。这种方法不仅有助于集体舆论的形成,而且也强化了学生的自我教育意识。

班主任要严格要求自己、发挥自己的表率作用。古人云:“其身正,不令而行;其身不正,虽令不从。”身教重于言教,教师美好的言行会给学生以潜移默化的影响。例如班主任要提高学生的辨别是非的能力,那么班主任自身在是非善恶面前就必须态度鲜明,不能模棱两可。再如班主任在开学的第一天从家里带来一盆花献给班级,第二天,班级窗台上就摆满了花。有时班主任强令学生献花,而班级窗台的花盆却寥寥无几。

塑造健康的同辈文化。所谓同辈文化即同辈集体的价值观和行为准则。学生从童年到青年这一发展时期,他们的种种见解、信奉、爱好与憎恶等都较为遵从同辈的文化。这种同辈文化对学生的影响有积极的一面,也有消极的一面,关键在于班主任能否塑造良好的班级亚文化来促进健康的同辈文化的建立,以发扬同辈文化积极的一方面,抵制其消极的一面,这对树立优良班风具有十分重要的意义。

总之,优良的班风是班集体建设的重要组成部分,它不会自发形成,恰恰相反,它是班主任在班级教育理论的指导下,积极主动地引导,努力踏实地工作和付出创造性劳动的结果。

三、怎样树立良好班风

一个良好的班集体就像一座熔炉,陶冶着每个学生的思想、作风、品德,带动着班内每个学生前进。只有在良好的班集体中,教师开展教育和教学活动,才能收到较好效果。好班风的主要标志是全班学生有共同的前进目标,有正确的集体舆论,有较强的集体观念。

一是重教育。班主任要懂得学生心理活动的规律,注意处处事事开个好头。比如班主任上任要从工作的第一天抓起,作好第一次讲话,办好第一件事,处理好第一个问题,开好第一次班会,等等。良好班风的形成往往就是这样从若干个第一开始的。发挥舆论的作用有利于班风的培育,必须抓住舆论阵地,如办好黑板报、思想评论专栏,召开班会、演讲会、报告会,开展团队组织生活等,针对班内出现的带倾向性的问题开展评论,对大家关心的问题展开讨论,建立起正确的舆论阵地,其作用是不可低估的。班内还要有计划地开展各种教育活动,联系学生思想实际,提高他们的思想觉悟,如通过开展“学雷锋树新风”活动,组织学生以小组为单位为班集体、为学校、为社会做好事,培养为人民服务的思想,通过贯彻学生日常礼仪规范,狠抓“明礼”、“导行”和“强化”三个环节,向学生进行文明礼貌教育。通过开展丰富多彩的课外活动如参加军训,使学生懂得什么是错误的应该反对和避免,什么是正确的应该学习和坚持,从而规范自己的行为,逐步养成良好的行为习惯。

二是严要求。良好的班风不可能通过一两件事,在短期内形成,而需要积极倡导、培养和巩固,是一个长期的过程,需要运用不断强化的心理规律。班主任要针对班内学生的特点和表现,从大处着眼,小处着手,制定必要的规章制度,提出明确的要求，如考勤制度、文明公约，使学生行有所循。凡是在班内宣布的制度要求，一定要认真执行，并且经常进行检查、讲评、总结。对学校提出的各项要求和布置的每项任务，都教育学生认真执行，不折不扣去完成。如学校提出建设校园文化，班内就要精心设计和布置，创造一个优美怡人的育人环境，这样既能造成一种浓厚的学习空气，也有助于培养学生关心集体、爱护集体的思想。只要平时严格要求，久而久之，良好的班风就逐渐形成了。

三是树样板。一个好的班风，开始时往往只是少数人作出榜样。通过一桩桩、一件件事的积累，才能进而扩大为班内的一部分人和班内的大多数人行为，最后风行全班，成为全班学生的行为准则和行为习惯。由此看来，榜样的力量是无穷的，有了好的典型，就能通过他们去团结其他同学，扩大积极分子队伍。因此，班主任要抓典型，树样板。典型的培养应是全方位的，如有三好学生的典型，关心集体的典型，拾金不昧的典型，体育锻炼的典型，助人为乐的典型，后进变先进的典型……对于涌现出的各种典型要宣传，要表扬，要推广他们的经验。青少年的模仿性强，身边的榜样对他们有很强的吸引力、号召力。抓出好典型就能收到拨亮一盏灯，照明一大片的效果。

四是指方向。建立良好的班风是创建先进集体的先决条件。一个先进的班集体应该做到有一个好的班委会，团队作用发挥得好；学生尊师守纪，文明礼貌，团结友爱，勤劳朴实；有一个好的学风，绝大部分学生学习目的明确，考试诚实，求知欲强，自觉性高，成绩优良，或在原有基础上有明显提高；有一个好的健康状况，体育达标率高；各种课外文体活动开展得好。对于这些目标要求，班主任要不断给班内制订某一阶段的具体努力方向，统一大家的思想和行为，不断增强学生对班集体的热情。每一阶段提出的目标，任务要具体，口号要新颖。由于班主任在工作中注意根据本班的实际情况、学校的工作安排、社会的发展形势，分阶段恰当地向全班学生提出新任务、新目标，就能不断促使班集体发展，促进良好班风的建立。

良好班风一经形成，就会对班内每个学生产生强有力的教育作用，使他们把自己的一言一行与班集体联系起来，使每个学生都知道自己对集体所应担负的责任和义务。他们会意识到自己的行为不单是个人的私事，而且是直接关系到全班集体荣誉的大事。学生有了维护集体荣誉的观念，就会产生一种强大的内聚力，使学生根据集体的利益和要求去行动，从而创造出良好的成绩。学校中多数班级形成了良好的班风，那么，优良的校风就会逐步形成了。

第六编

班集体班队活动设计

班级活动的教育意义是多方面的，它可以是提高学生思想道德水平的，可以是开发智力的，可以是提高实际操作能力的，可以是增强审美情趣的、强身健体的，等等。好的班级活动应发挥教育的综合功能。

要解放孩子的头脑、双手、脚、空间、时间，使他们充分得到自由的生活，从自由的生活中得到真正的教育。

——陶行知

班级活动概述

班级活动是在班主任的指导下，有目的、有计划地为实现班级教育目标而举行的各种教育、教学实践活动。开展班级活动有利于培养学生良好的品德，发展个性特长，锻炼意志品质，行为习惯得到培养。班级活动是集体形成的基础，发展的催化剂。

一、组织班级活动的能力要求

（一）能科学地确定活动内容

班主任应能围绕学校的计划、年级的教育目标，根据学生年龄特点和身心发展的规律来确定班级活动的内容，就活动的性质与功能而言，一般分为以下几类：

1. 政治性活动。政治性活动，主要以思想品德教育和行为规范训练为内容：①通过班会、团队活动、传统教育活动以及学先进、树新风活动等，使学生受到政治思想教育和社会公德教育，养成良好的行为习惯。②班会是班主任为加强班集体建设而召开的一般性班级会议或捕捉教育时机、为组织学生辨明事理而召开的主题性班级会议。③团队活动则是为加强团队组织建设，或宣传某种思想、某个观点或学习某种精神，通过共青团，少先队组织而开展的集体活动。班主任、辅导员要准确掌握其性质和特点，认真发挥好各自的教育作用。

2. 知识性活动。知识性活动，主要在于：①以培养对基础学科的兴趣、扩展并运用学科知识、加强技能和智能训练为主要内容。②通过组织课外兴趣小组、举行班级知识竞赛、学习操作微机等各项活动，吸引广大学生积极参与。③各项活动都要体现知识性与趣味性相结合，使班级活动成为开阔学生知识视野、提高学生智力水平、发展学生能力特长的摇篮。

3. 娱乐性活动。娱乐性活动，主要在于：①以培养学生在文艺、体育方面的兴趣、技能为主要内容。通过组织演唱会、艺术品欣赏等活动，培养学生健康的审美情趣，形成高雅的情操，发展学生对艺术的爱好与特长。②通过开展田径、球类、棋类等体育竞赛活动，使学生养成自觉锻炼的习惯，不断增强体质。

4. 实践性活动。实践性活动，主要在于：①社会实践活动旨在沟通学校、社会、家庭之间的联系，把学校教育同社会教育紧密结合起来，进而初步提高学生的社会实践能力。②通过组织学生参观访问、实地考察、写调查报告以及参加公益劳动和社会服务等活动，引导学生接触工农，了解社会，认识社会主义制度的优越性，增强热爱劳动人民的感情和社会责任感。

(二)安排活动计划应当周密

在班级工作中，安排活动计划应当周密。主要体现于：①班组活动应该有目的、有计划、有组织地实施，对活动的内容、形式、时间和程序应能根据学生年龄特点和知识水平周密计划，精心安排。②每学期都应制订专门的活动实施计划，并纳入班级整体工作计划之中。③开展每项活动，都应做到有准备(包括器材、场地的准备)、有发动、有检查、有评比、有记录、有总结、有成果展示，以达到预期目的。

(三)能有效地指导活动实施

开展活动，在强调学生自主参与、主动发展的同时，应充分发挥教师对活动的指导作用，处理好师生在活动中的关系。应该看到，活动不仅为学生的发展创造了条件，也为教师创造性的工作提供了舞台。教师的指导作用应体现在以下几个方面：

1. 积极发动。开展每项活动之前，教师应能做好充分准备，进行思想发动，特别是能讲清活动的意义和目的要求，使学生产生强烈的参与意愿，进而产生对科学知识的渴求心理和对学习各种技能、本领的浓厚兴趣，激发他们跃跃欲试、孜孜以求的心态，在活动中增长才干。

2. 指挥实施。在班级管理中，指挥实施主要包括：①在班级活动中，教师既是策划者，又是导演者；既是战斗员，又是指挥员。为促进学生个性的健康发展，应使人人有项目，个个有目标，人人有岗位，充分体现活动的全员性和普及性。②教师应善于把握活动的进程，恰当安排活动程序，控制每个活动环节，使之环环相扣，热烈而有秩序地开展。③能针对实际进行指导：当学生兴趣索然时，能巧妙地予以激发，使之感情饱满地投入；当学生对活动意义认识不明时，能机智地加以引导，使之步步深入地探索；当学生活动受挫时，应耐心示范，使之满怀信心攻关，如此等等。教师的主导作用应贯穿于活动的全过程。④能发挥班干部的骨干带头作用，有些活动可以让他们自行组织，自行管理，体现学生的主体地位；还应注意发现、培养活动积极分子，发挥其典型引路作用，做到点燃一盏灯，照亮一大片。

3. 做好总结。做好总结，主要有：①每次活动结束之后，班主任都应能实事求是地进行全面总结和公正评价（也可以让学生自行总结和评价），既总结收获，肯定成功的一面，也要指出不足，明确改进的一面，在不断总结经验教训中逐步提高班级活动水平，使之形成良性循环。②做好成果展示，例如，开展书法活动之后，要举办学生书法展览；开展美术活动之后，要举办学生画展；开展歌咏、舞蹈活动之后，要组织汇报演出，等等。③学期末应能评优选模，奖励在班级活动中涌现出的先进分子，鼓励学生成才。

二、班级活动的组织能力培养

（一）充分认识开展班级活动的意义

开展丰富多彩的班级活动，能使学生受到政治思想、道德品质教育，扩大知识视野，增长才干。培养志趣和特长，有利于成为具有健康个性的人。具体来讲有以下几个方面：

1. 陶冶情操,培养品德。情感、意志和良好的品德行为是在学生感兴趣、积极参与的活动中形成、巩固和发展的。学生在生动活泼的自主活动中获得亲身体验,有助于形成"五爱"(爱祖国、爱人民、爱劳动、爱科学、爱社会主义)的思想感情、正确的道德观念、分辨是非的能力和民主、合作、竞争等现代意识;有助于陶冶情操,磨炼意志,丰富生活,崇尚文明;有助于在自我管理中形成认真负责、诚实、勤奋、坚毅等良好的品质和行为习惯。

2. 丰富知识,扩大视野。班级活动的内容丰富,涉及的领域广泛。由于它以学生兴趣为前提,通过各种可接受的方式去接触新的事物,传递新的信息,扩大学生的视野。广阔的视野、丰富的知识、生动的直接经验又为课内学习奠定丰厚的基础。

3. 发展特长,增长才能。在学生喜闻乐见的实践活动中,最能表现和发展学生各自的才能,发现和培养学生独特的兴趣爱好并逐步形成其特长。通过综合运用各学科知识、技能,可以发展智力、特殊能力以及创造能力等;在群体的活动中可以锻炼交往能力、组织能力、应变能力以及自我调节和控制能力等。

4. 增强体质,强健体魄。开展各类文体活动,尤其是舞蹈、腰鼓队、艺术体操以及田径、球类、武术活动,有利于学生身心发展,锻炼健康体魄,培养自我保健能力。

三、班级活动的原则

在开展班级活动时,要注意以下几个原则:教育性、时代性、整体性和易操作性。

(一)教育性

班级活动的教育意义是多方面的,它可以是提高学生思想道德水平的,可以是开发智力的,可以是提高实际操作能力的,可以是增强审美情趣的、强身健体的,等等。好的班级活动应发挥教育的综合功能。

在制定班级活动目标时,要寓庄于谐,寓教于乐,最大限度地发挥班级活动的教育作用。如:召开“我们小队能人多”的班会,活动目标是:①通过展示各小队制作的一期专题墙报,使大家体验合作创作的愉快;②夸奖对集体献计献策的能人,促进大家为集体贡献才华。这样定位,展示的是小队集体创作,受夸奖的面广,利于调动全班每一人的积极性。

教育性最重要的体现是在活动内容上。如以“我为奥运出份力”为主题,在社区宣传环保知识,会增强学生和居民的绿色奥运意识。组织“电脑与人脑”的讲座,展开讨论疏导,会使一些人改变沉迷玩游戏、忽视学习的做法。开展娱乐性活动、手工活动、体育运动等等,都能从不同侧面使学生受到教育。

活动过程是教育性的具体体现。首先活动的名称要有感染力,如“救救地球妈妈”、“假想旅游”、“星空探秘”等。其次活动准备的场地要有教育氛围,会场布置要体现教育情境、活动气氛,标题的书写、展板的摆放、桌椅的形式都要做整体设计。在活动进行中,要最大限度地调动学生动口、动手、动脑参与,在亲身实践中受到教育,同时要注意电脑课件、实物投影等物品的教育作用。

活动总结不容忽视。可以是班主任总结,也可发动学生自己总结收获和体会,以利于以后活动的开展。

(二)时代性

要让学生触摸时代的脉搏,这就要求班级活动引进时代的活水,选择有时代感的主题。

1. 从时事中抓题材。班级活动要善于从时事中抓住有教育意义的题材。如曾经有邪教法轮功迫害许多正常人死亡。有的班主任及时抓住这一事态,组织全班同学自制揭批法轮功的手抄报,控诉邪教对人们的危害。如:当同学们知道美国飞机野蛮入侵我国领空,逼得王伟叔叔跳伞牺牲时,班里立即开展“我国领空不容侵犯”的演讲活动。这会有利地激发大家的爱国心、卫国志。

2. 从生产、科技发展中抓题材。当今,科技的迅猛发展无不在影响着学生的生活。如有的班级开展“我眼中的中关村”主题班会,学生们发言中有调查、有访问、有畅想、有决心,大大激发了学习热情。再如现在电脑已成为我们生活学习中的常用工具,班主任如能组织一些电脑水平高的学生向大家讲解、演示自己的网页,就会鼓励更多的人在网页制作中学习新知识。

3. 从身边的新鲜事物中抓题材。如北京成立了少儿环保志愿军,有的班主任抓住这件新鲜事,组织学生投入环保,召开“救救地球妈妈”主题班会,学生们上缴了旧电池,还分别被评上环保志愿军的“上尉连长”、“中尉副连长”等职,从此,搞环保活动成了班级一大特色。在“同年龄、同年级、同进步、同成长”的主题班会上，学生交流了通信带来的收获和体会，家长也谈了学生在通信中的成长。促进了学生珍惜好条件，努力学习的自觉性。

(三)多样性

班级活动要达到理想的教育目的，就必须注意：活动内容、形式、组织方式的多样性。

1. 活动内容的多样性。开展班级活动要兼顾学生德、智、体、美、劳各方面的素质，使活动既有教育性，又有趣味性。如一个班级在制定活动计划时，主线是"通过活动促进学生全面发展"。具体安排上既有思想教育方面的"一日常规我知道"、"集体在我心中"活动，又有学习方面的"智力竞赛"活动；既有发展体能的"乒乓球比赛"活动，又有图文并茂的"手抄报汇展"；还有"科技小制作"班会。活动内容多样化，使不同程度的学生都有施展的机会，心理上有成功的体验。

2. 活动形式多样化。学生喜欢求知、求新、求实、求乐。因此，班级活动形式要丰富多彩，变化新奇。如班级活动内容是"心中有他人"，形式上可多样：可以开故事会，讲英雄模范的事迹；可以用文艺演出的形式，把本班同学的好事编成小节目演出来；可以去给退休老人送温暖。在一个活动中也可运用多种富于变化的形式，如中秋佳节，可以安排化妆晚会，有歌舞表演、民间传说介绍、即席演讲、谜语竞猜、点蜡烛、吃月饼等多种形式。让所有参加活动的学生都感受团圆，体验快乐。

3. 活动的组织方式也应多样化。除了集体活动，还可以是小组活动、社团活动、甚至是三五个人自由结合活动。兼顾学生的兴趣、爱好、发展需要，让活动更有实效性。

(四)整体性

整体性是指班级活动的内容、活动的全过程、活动的教育力量都要成为一个系统，用整体的教育思想指导整体的教育活动，达到教育目标实现的整体性和学生身心发展的整体的最高境界。

从活动内容看，要有整体教育的考虑，要包含德、智、体、美、劳诸方面活动，形成全面的信息网络，使学生得到多方面的教育和发展。

从活动的全过程看，整体活动和个别活动是辩证统一的。就一次活动来说，只有从酝酿、设计、准备阶段发动学生全身心地投入进来，活动实施时才会有激情。教育性也就蕴含其中了。从整体活动看，活动之间也应有一个系统性和连贯性的安排。在系列活动中，每一个活动的结束成为后一个活动的起点，后一个活动巩固、强化了前一个活动的教育。这样，一环套一环，循序渐进地进行活动，整体教育效果就显露出来了。

从教育力量看，班级活动要尽可能地发挥学校、家庭、社会的整体教育功能。要争取科任教师的支持，向他们咨询，请他们协作。还可以经常请家长参加班级活动，作报告，出竞赛题，给学生写信，班会中发言等。外出活动，也可以请家长委员会来参与准备、管理，创设开展活动的条件。在争取社会力量配合时，可采取“请进来”、“走出去”的方法，如邀请解放军、科学家、先进青年等到班里来座谈；或者走访革命老前辈、科技园区的创业人士，和退休的老人联欢，参观博物馆，进行环保小调查等。

教育力量的整体性，使班级活动由封闭转为开放，家庭、社会教育力量的介入，能有效地提高教育的效果。

（五）易操作性

开展班级活动要注意它的易操作性，主要体现在：

1. 要注意班级活动的规模。班级活动有日常的，也有规模较大主题突出的活动。日常活动基本上是每天要进行的，因此要短、小、实。短，即时间短，一般三五分钟；小，即解决小问题，或针对班里的情况一事一议，或对一种行为展开评价，或背诵一首古诗，或表扬一个同学；实，即解决问题要实际，一次集中解决一个问题，不面面俱到。形式上也要保证实效，可以有全班、小组、同桌活动几种形式。主题班会一般是全体参加，一个时期搞一次。要做到：①目标适宜，即一次活动要达到什么目的不要定得太多，1～2 个即可；②主题集中，即一次确定一个主题，力图给学生留下深刻的印象；③过程简洁，即班会的程序要清楚、明了，场面不宜过大，容量以一课时为宜。

2. 要注意活动的频率。一学期里，班级主题活动的次数不能过多，也不能没有。活动过多，学生化很大精力在活动上，必然会冲击学习，会造成一些人静不下心来学习。活动过少，学生会感到枯燥、乏味，滋生的一些不健康思想得不到有效的控制，班主任会疲于应付偶发事件。至于活动多少为宜，要依据具体情况具体分析。

3. 班级日常活动要形成自动化操作。如上操、查卫生、主持

“每日一说”、读“班级光荣簿”等，每天有专人负责，固定时间进行，操作就简单了。每一次大的班级活动，事前要制定详细的方案，谁主持、谁发言、谁表演、谁负责录音、投影、谁总结都要事先安排，这样，操作起来才能有条不紊，顺利进行。

四、发挥班级活动中学生的主体作用

在学校教育教学活动中，教师为主导，学生为主体的原则，已被广大教师所认可。在班级活动中充分发挥学生的主体作用，让学生成为班级活动中的主人，班级活动的教育作用才能取得良好的效果。让学生在班级活动中更好地发挥其主体作用应注意：

（一）树立榜样

榜样的力量是无穷的。榜样对学生来说，有很大的影响力和感染力，可以使学生改变认识，提高自我评价的能力。因此，在平时的教育教学中，应有目的地选择榜样，树立榜样，强化榜样的形象和作用。第一，抓住各种时机（晨会、班会课），给学生讲历史上的名人、伟人的故事，让学生知道他们是如何克服各种困难并取得成功的；第二，利用各种场合、各种机会，让学生介绍自己身边的榜样，贴近学生让学生看得见、摸得着，“只有激发学生进行自我教育，才是真正的教育”，如让班上学习成绩优秀、品德良好的学生，介绍学习经验；第三，找个别学生谈心，以爱心、热心感化学生，使他们从榜样中吸取力量、获取源泉，激发学生积极向上，勇于拼搏。

（二）营造氛围

班级是进行教育、教学的单位，只有营造一种活泼、和谐的班级氛围，尊重学生的主体地位，才能充分调动学生的积极参与意识，培养学生的创新精神。

其一，根据学生调皮好动、好胜心强，喜欢新鲜事物的年龄特点，教师应给学生提供各种条件，在班上组织灵活多样、富有情趣的课外活动，如表演、绘画、体育竞赛等活动，在活动中培养学生的集体观念、责任感和义务感，培养学生遵纪守法的自觉性与自制力。如组织学生每人至少看一本科技书，展开想象的翅膀人人动手制作科技作品，为班级出一期板报。通过实践，学生从中懂得凡事要多动脑筋，找窍门，体会手脑并用的益处。又如在班级开展“诗歌朗诵会”、“小小故事大王”、画一画“美丽的家乡”、“我喜欢的景点”摄影赛、“小厨师”等活动，形式多样，趣味性强，学生有了显示自己才华的机会，参与意识日益浓郁，自理自治能力在潜移默化中逐渐形成，培养了学生的竞争意识、合作精神、自理能力、交往能力和耐受挫折的能力，充分体现了学生的主体地位，发掘了学生的创新精神。

其二，让学生参与班级管理，从而认识到自己可以管理自己，关心集体，培养学生的组织能力和责任心并锻炼胆量。班会课上，让学生写一写《跟老师说说心里话》，架起沟通师生的心灵之桥，鼓励学生大胆地向老师敞开心扉，倾诉自己的烦恼与困惑。课堂上，教师多用肯定、赞扬和鼓励的话语激励学生，如告诉学生“你能”、“你行”、“你可以”、“你会”、“我相信你”等鼓励的语言,使每个学生在班里都有成功的机会和成就感。

(三)因势利导

前苏联著名教育家苏霍姆林斯基说过:“教育于技术的全部奥秘,就在于如何爱护教育对象。”现在的学生中常见的问题有:生活较懒散,缺乏自觉性,学习马虎,劳动观点弱,纪律松垮,缺乏锻炼。针对这些情况,在教育时,应细细把脉,慎重下药。如有个学生平时淘气贪玩,爱捉弄学生,不论大小,都要欺负,学生见了都躲着他,科任老师见到他也都摇头。其班主任老师经过冷静、耐心地寻找原因,发现他还有好的一面,动手能力强,在各项活动中处处表现出争强好胜。因此,班主任采取激励的办法,抓住有利时机帮助他转化。如在科技制作活动中,在班主任的鼓励下,这位学生自己动手制作科技作品——飞机模型在班上展出,同学见了都投来羡慕的目光。班主任抓住这一有利的时机,及时表扬,树立其信心。由此可见,教师只要做有心人,就能细雨润物,潜移默化。

(四)精心培养

“种花要知百花异,育人要懂百人心。”教师播撒的一片爱心,是促使学生上进的雨露。教师对学生除了要有爱心,还要注意工作方法。教师只要努力跟学生沟通,帮助学生选择榜样,树立信心,鼓励学生积极参与班级活动中,才能使学生真正成为班级活动中的主人。

五、开展班级活动的意义

班级活动是同学们在正常上课以外的时间内有计划、有目的地参与的各种活动。它是同学们获取知识和技能的另一种途径,是对同学们课堂知识的丰富和补充。

但有些学生干部认为组织班级活动会耽误或影响学习,而且班级活动的学习内容也不列入考试范畴,因此,逃避甚至拒绝组织班级活动。这种不良倾向,对同学们成为未来高素质的人才是极为不利的。因此,有必要在此介绍一下班级活动的意义和作用:

第一,班级活动能开阔视野。同学们在课堂上学到的东西是极其有限的,而组织班级活动,如参加各种知识讲座,参观科技发明展,参观名胜古迹等会为同学们了解外面的世界增加一扇窗口。

第二,班级活动能陶冶情操。同学们如果整天埋头于书本,时间长了,一定会觉得很枯燥,甚至会产生厌学情绪。如果适时地组织一些文娱活动,可以使同学们的紧张情绪得到缓解、放松,并且在美的旋律中感受到生活的美好与充实,带着愉悦的心情去学习去生活,使个性得到充分的发展。

在观看烈士纪念馆或组织学习先烈文章时,也会在同学们心中升起一种民族自豪感,并且更加珍惜今天来之不易的幸福生活。

第三,班级活动能锻炼能力。同学们在社会实践活动中可以培养社会责任感,提高处理问题的能力,在科技制作中可以提高动手动脑能力等。

第四，班级活动能使同学们融洽关系。同学在活动中能增进彼此间的了解，并在活动中培养互相协作的精神，明白团结才是力量的道理，因而也会更加的热爱集体，增强集体凝聚力与荣誉感。

总之，班级活动对建设一个活泼健康、团结向上的集体具有非常重要的作用，绝非可有可无，也不是可参加可不参加的。班干部必须端正对班级活动的认识，才能使班级活动发挥其更大作用，同学们也从中受到更大教益。

工作中，你要把每一件小事都和远大的固定的目标结合起来。

——马雅可夫斯基

主题班会活动的组织与实施

一、主题班会的主题与特点

(一)主题班会的主题要求

班级主题班会的主题要求主要体现在：

1. 班会的主题符合当前加强和改进青少年思想政治教育工作的重点和我校学生生活的实际。如弘扬和培育民族精神、沟通、宽容、新规范新生活、诚信、友谊、男女生交往、成长的对话、自尊自爱、做有责任感的人等。

2. 班会形式多样、新颖、生动活泼。有论理式为主的；有交流对话式为主的；有文艺型活动为主的，如：演小品、讲故事、诗歌朗诵、相声等；有竞赛式为主的，如行为规范知识竞赛、辩论赛等。

3. 班会活动主体的定位正确，比较好地体现了以学生为主体、学生自我教育为主。学生参与面广，教师参与策划指导。绝大多数老师在班会现场能够以班级中一员的平等身份参与活动。

4. 一些老师注重利用各种教育资源。如请家长、任课老师参加班会；注重班会环境的布置、情境的创设等。

（二）主题班会活动的形式

班会活动不拘形式，一切服从教育内容及教育目的，并尽可能为学生所乐于接受。一些班会的常见形式有：

1. 专题讨论会。即让学生就某一认识不清的问题，或发生于社会、社会学校中的事件展开讨论，达到明辨是非的目的。

2. 报告会。即聘请社会上各行各业的专家、英雄模范人物或学生家长等到来作报告。

3. 演讲会。事前应确定一个专题，让学生做好准备。会上可由一人或几人主讲，也可自由上台。

4. 茶话会。是一种轻松、愉快的谈心形式，是在师生情感交融的亲切气氛中进行的。一般以在传统纪念日和节假日期间进行为宜。

5. 故事会。教师、学生或外单位人均可担任故事员，可一人单独讲，也可几人轮流讲，可进行故事欣赏，也可搞竞赛。

6. 文艺表演会。即通过文艺表演达到教育目的的一种班会形式，会前根据教育要求，让学生编排节目，也可请外单位或文艺团体表演出。

7. 游戏活动。是一种寓教于乐的班会形式。

8. 参观访问。是运用社会力量对学生进行教育的一种生动有效的班会活动形式。

9. 主题会。即围绕某一教育主题，在学生充分准备的基础上，采用上述一种或几种形式进行的综合性班会。一般用于总结某一教育阶段的工作。

（三）成功的主题班会的主要特点

成功的主题班会的主要特点有：

1. 主题鲜明突出，针对性强，有吸引力。

2. 内容丰富，形式多样，生动活泼，学生喜闻乐见。

3. 愿意参加活动的学生多，群众性强。

4. 有利于提高学生的思想品德，有教育性，并能充分发挥班级中学生的兴趣爱好与特长，增进其智慧、才干等。

二、主题班会活动的设计

有效设计主题班会活动方案，是成功举办班会活动的前提。

（一）主题班会的设计步骤

1. 题材的选取。班会课内容要针对本班的实际情况、学生的年龄和心理特点选取内容及设计形式，及时规范学生行为，及时捕捉班级的亮点及学生的闪光点，适时适度地进行教育，树立典型并发挥其辐射带动作用。每位学生都有成长的烦恼，而且有着较为深刻的社会文化背景，社会对学生的诱惑力远远大于学校，但是学校和班集体是学生心灵成长的大本营和避风港，作为班主任，要善于捕捉学生微妙变化的信号，并以此为教育的基本素材，利用班会课阵地，切实做好教育引导工作。

2. 对象的分类。在班会课的准备过程中，对于“优秀生”，不能因其成绩好或听话而一味溺爱，以偏概全，也要关注其心理健康，尤其需要培养心理承受力，在活动中克服自我中心；对于“一般生”，我们应更多表现出认可和赏识，多肯定他们的长处和闪光点；班级中的“隐患区”更需要关爱，哪怕他们摆出自诩不凡或者是麻木不仁的样子，但他们的心理还是敏感的、自卑的，易产生对立情绪，班主任应借助班会活动，让他们和班级同学多沟通，老师在旁边多爱护、多指点、多鼓励，使他们“亲其师而信其道”，然后再通过活动春风化雨，润物细声，使学生受到感染和熏陶。

3. 教育目标的确立。紧扣德育大纲中的相应年级要求，从学生发展实际出发，结合时代发展特点，目标适切、明确，观点正确，主题突出。相对于以传授人类历史文化精华这种间接经验为主的学科课程来说班会活动所占的比例虽小，但它却是绝对不能缺少的。否则，单一的学科课程会使学生的学习与现实严重脱节，不利于学科知识在实践中获得运用、验证和创新的机会，而最为根本的，则是违反了马克思主义所揭示的活动是人存在与发展的根本方式这一人的本质属性，从而也就违反了有关人的全面发展的一般规律。

既然班会课被正式纳入了课程体系，它同学科课程之间的关系就应当是相辅相成的,在地位上、价值上,不应有主次之分、轻重之分,它们各有侧重地作用于学生发展的不同方面,实现学生素质的全面提高。班会课的目标主要在于使学生的主体意识、行为能力、情感态度得到全面发展,并且,它往往不以某一门学科知识为中心,而是强调学科间的相互联系及知识的综合运用。

4. 教育内容的制定。教育内容的制定,主要体现在:①思想教育。这是班会的主要内容,即使在进行其他方面教育时,也要贯穿思想教育的要求。②时事形势教育。③节假日传统教育。④文学、美术、音乐、影视作品的介绍、欣赏和评析。⑤历史、体育、卫生等各种知识的介绍,或推荐、评价有关书籍。⑥处理班务工作和组织班级活动,如编排座位,选举干部,讨论和制订班级公约,为春游、秋游、运动会、节日庆祝等活动作动员或小结等等。⑦就班级中的倾向性问题进行讲评。⑧现代科技教育。

(二)主题班会活动设计的具体要求

1. 首先班会活动设计应做到"五要"。班会活动方案一般由活动目标、重点、时间、内容、步骤、措施五个部分构成。主要有:①活动重点要突出。只有确定了活动的重点,才能在实践活动中抓住主要矛盾。②活动时间要把握。要根据活动的类型、活动的内容规划好活动时间。③活动内容要选择。选择活动内容要有利于对学生进行思想品德教育;要生动有趣;要坚持实践性原则,可操作性强;要适应社会发展的要求;适应学生的年龄特征;适合当地的环境条件和师资水平;符合认识规律,遵循循序渐进原则。④活动步骤要清晰，整个活动过程包括哪几个环节，每个环节中有哪些操作要点都要交代清楚。⑤活动措施要得力。

2. 主题活动要体现“五美”。

(1)立意美。主题班会的成功，主题立意应该新颖、鲜明、生动、具有时代精神。让学生一看主题就会明了要谈什么问题，而且富有美感，只有这样，才能使主题班会具有较强的感召力、凝聚力。

(2)内容美。主题班会要真正实现对学生的教育，必须将其主题立意具体化，变为实实在在美的内容，因此，选择材料务必真实、典型、生动形象，不能干瘪无趣，要符合学生的年龄特征和心理水平，要具有说服力和感染力。

(3)形式美。主题班会的内容是要通过具体的形式表现出来的。所以说，正确地选择和精心地设计主题班会的形式是非常重要的。主题班会的形式一般指主题班会的表现形式，包括活动、编排、人员调配、会场布置、气氛和节奏等。主题班会要形式美，就是指主题班会的形式应该新颖、活泼、丰富多彩。在一次主题班会中可以采用讲演、朗诵、歌舞、小品、采访、报告、座谈、汇报、辩论、竞赛等多种形式中的一种或几种。

(4)趣味美。趣味是学生接受教育的动力。所以主题班会一定要开得生动活泼，富有浓厚的趣味美。通过浓厚的趣味性，来激发学生参加主题班会的主动性和积极性。例如，召开“从小培养自我服务能力”的主题班会，可设计一些竞赛项目和实际操作项目，像摘菜、做饭、炒菜、洗衣服等。

(5)教育美。要真正发挥主题班会的教育作用，切忌把主题班会开成“检讨会”、“批评会”。要巧妙地设计主题班会的活动内容，使学生在活动中受到情感、意志、道德等方面的教育，促进德、智、体全面发展。例如，“过生日”已成为学生的“热点”。家里大摆酒席，学生“收”、“送”礼物的不良风气一再蔓延。抓住这个“热点”可精心设计、安排“生日演讲”主题班会，过集体生日，让同学们把自做的手工艺品，自编的贺词、歌曲献给过生日的同学，还可让学生发掘过生日同学的优点。这样既实现了学生过生日的“愿望”，又达到了活动中进行教育的目的。

三、主题班会的组织

(一)主题班会的组织阶段

指导召开主题班会，通常要经过选定主题、设计酝酿、充分准备、实施深化等几个阶段。

1. 选定主题。选好主题是开好班会的前提。主题班会的“主题”好比一支曲子的基调，是定音的。主题的选择一要符合中小学生的心理需要，能引起兴趣，激发热点与兴奋点；二是内容丰富，具有思想性、知识性、趣味性，适于学生用多种方式表达；三是要有深度，能细细回味。为此，班主任在设定主题时，应努力做到：①广泛发动群众，在主题设计阶段就充分把班上学生的积极性调动起来。②达到培养学生创新能力的目的。③达到培养干部能力的目的。

2. 充分准备。准备越充分、细致，越能收到预期的效果。主题班会的准备，可分为精神准备和物质准备两个方面：①精神准备主要是要调动班干部和每个学生的积极性,使每个学生都自觉投入到与主题班会有关的各项准备工作中。②物质准备主要是把主题班会要用的东西及时准备好。

3. 主题班会的实施。设计和准备两个阶段完成后,要鼓励大家全力以赴去实施。主题班会的最后结果怎样,最后要看班会上的临场发挥。班主任在开会前要特别注意:①亲自或发动班干部配合对主题班会的各项准备工作的进展情况,进行全面检查,发现有不足之处尽快加以弥补。但必须控制情绪,不要在主题班会召开前,抱怨责怪学生、大声批评学生。②要讲究会场气氛。主题班会的气氛要根据主题情节的要求来创造、布置。要事先下一番工夫把会场环境设计布置好,使学生一进入会场就受到主题班会气氛的感染。③通常都由学生主持主题班会,因此,要选敢讲、敢指挥的学生担任主持人,不可找办事畏缩不前、吞吞吐吐的学生担任主持人。要鼓励主持人大胆主持,并学会临场应变。④对主题班会中涉及到的人和事,事先要仔细考虑。特别是对所请的来宾,预先考虑好其中有人临时有事不能来时的应变措施。⑤在主题班会的活动过程中和活动后,及时收集学生对各项活动的反馈信息。

(二)安排、组织主题班会的基本要求

安排、组织主题班会的基本要求主要有:

1. 严密的序列性。按照德育大纲的要求,分年级由浅入深依次排列逐步展开。

2. 鲜明的针对性。主题活动要从各级学生的实际情况出

发,符合学生年龄的特点,着重解决某一方面的问题。

3. 深刻的教育性。主题活动要纳入年级教育计划,具有明显的教育意义。

4. 强烈的时代性。主题活动要从现实生活出发,富有鲜明的时代气息,反映时代的脉搏和时代的精神。

5. 充分的自主性。主题活动的主体是学生,班主任只是“参谋”,因此,要发挥学生的积极性和创造性,做到全班人人关心,人人动手,共同设计。

6. 浓厚的趣味性。主题活动应做到内容丰富,形式新颖,生动活泼,引人入胜。

7. 良好的实效性。主题活动要切实解决学生的一些问题,使学生有所收益,有所进步。

8. 主题班会不宜安排过密。组织一次主题班会,从设计方案到具体实施,无论班主任还是学生,都要投入大量精力。

9. 注意同其他教育形式配合。主题班会只是整个思想政治工作的一个组成部分,与各科教学以及班级例会等共同肩负着对学生进行思想政治教育的任务,因此,组织主题班会应注意同其他教育形式相配合。

(三)安排主题班会的具体要求

安排主题班会的具体要求主要有:

1. 安排要有计划。班主任应根据学校思想政治教育的工作计划对各年级“教育主题”的规定,结合班级学生的特点和班级工作的具体情况,将主题教育所要达到的目的,做出统一规划并分配在几个单元的专题教育中分步完成。一个单元组织的几次主题班会,要互相衔接。

2. 主题要鲜明。一次主题班会只能有一个集中的主题,只能达到某个具体的目标。只有从全局考虑,通盘计划,一次次的主题班会才会成为整个思想政治教育工作的有机组成部分,才能充分发挥其教育作用。

3. 活动要有针对性。主题班会如果没有针对性,就会流于形式。班主任应随时把握学生思想的脉搏,弄清学生普遍存在的典型思想问题,有针对性地确定活动内容。

4. 要充分发动群众。主题班会应该具有群众性。在主题班会的组织过程中,若只动员少数干部或由班主任包办代替,让大多数学生始终处于被动的地位,就收不到良好的效果。因此,在组织主题班会的过程中,要充分发挥学生干部和积极分子的作用,依靠他们发动全班同学自觉参加到这个自我教育的活动中来。

5. 形式要生动活泼。主题班会必须讲究活动形式。枯燥的说教不仅不能打动学生,反而会使学生产生反感。一次成功的主题班会,应该做到寓教育内容于生动活泼的气氛中,有吸引力、感染力和启发性,使学生在活动过后有回味的余地,并乐于思索和实践。

(四)组织主题班会时应当注意的问题

组织主题班会时应当注意的问题有:

1. 在主题班会活动中,学生的主体性应贯穿主题的确定、活动的准备和班会召开的全过程。这不仅体现在参加活动的人数上,还应体现在活动中学生参与活动的主动性上。参与活动的不能只是事先安排好的一些同学去完成指定的任务,还应表现在,同学们临场主动参与的积极性上。

2. 活动的内容主题和讨论、对话的话题,应是学生感兴趣、有话可讲,又多多少少都能讲一些自己的想法的问题。

3. 正确处理好班会的形式与内容的关系。形式必须为内容服务,不要仅仅为了形式上的多样化和场面上的热闹,而安排某些与班会主题无直接相关的活动。

4. 班会主题标题的拟定。宜小不宜大,易具体不宜抽象。如“宽容”题目就定得小,容易深入讨论和对话。再如“弘扬和培育民族精神”题目就定得太大,讨论、对话就难以深入。

5. 要深入挖掘主题,力求班会取得更好的实效。如以“诚信”为例,既要让学生通过活动,明白诚信的含义,从道理上明白诚信的重要性,还要引导学生联系正、反两面的社会实际事例,加深对讲诚信必要性的认识。此外,还必须引导学生联系本校、本班同学的实际,进行自我教育。在联系本班同学实际时,不仅要引导学生联系不讲诚信的事例,更要去突出和肯定、表扬讲诚信的同学,以正面教育为主。

6. 要注重主题班会前的准备过程,班会后的反馈、巩固、继续教育和总结。班会开完了,教育活动和教研活动还没有结束。

想象力比知识更重要，因为知识是有限的，而想象力概括着世界的一切，推动着进步，并且是知识进化的源泉。严格地说，想象力是科学研究的实在因素。

——爱因斯坦

团队活动的策划与实施

一、班主任在团队活动的作用

班主任应根据团队组织的特点，指导共青团、少先队开展工作。

（一）要尊重团队组织的独立性，充分发挥团队

组织的主动性和独创性：根据团队组织性质以及在班级中的地位和特点，班主任应尊重其自主权利。只有应团队邀请，班主任才能出席团队的会议，在会上必须遵循以下原则：进行说服而不是下命令；尊重学生的主动精神，而不能强迫照办；使他们对自己组织的工作具有责任感，而不可包办代替。当然，对缺点

错误也不应迁就，而应积极引导，通过深入细致的思想工作，帮助他们改正。

（二）积极支持、帮助、指导团队开展工作

积极支持、帮助、指导团队开展工作，主要表现在：

第一，要尊重团队工作的独立性，不是放任自流，不管团队工作。团员、队员，以及团队干部在班上都是受教育者，团队工作对他们来说主要是学习、锻炼的途径，班主任如果忽视对他们的帮助和思想教育，无疑就是失职。

第二，班主任对团队工作的指导和帮助，重点是激发、培养团队干部和团员、队员的主动精神和创造精神做好政治思想工作，同时帮助他们出点子、想办法，在工作方法上给予指导、遇到困难时热情帮助。

第三，根据团队工作的总目的和总任务，指导团队开展适合团员、队员特点的活动主要有：

(1)团队工作一方面要配合班级工作，另一方面又要完成组织赋予的任务。班主任在指导团队工作时要注意不要把团队工作看成是完成为班级工作服务的第二班会。团队组织有它不同于一般组织的总目的、总任务，团队活动应该围绕这个中心开展。如指导团队组织团员队员和青少年学习团队章程、上级团组织的决议、指示，指导团队组织开展贯彻等。

(2)团队组织的活动要求应比班级开展活动的要求更高，既要体现出群众性，还要体现出先进性。要强调团队活动的教育性原则。团队活动的教育性是运用团队组织的力量，对团员、

队员和要求进步的学生进行的有目的、有计划的系统教育活动,同时也要注意适合青少年的特点,将思想性与知识性、趣味性统一起来,形式要活泼新颖。

二、班主任指导和帮助团队开展工作的具体要求

(一)要指导团队干部组织团员、队员和学生经常学习

团队章程,并经常对学生进行热爱少先队、热爱共青团的教育。班主任应指导团队组织用多种多样、生动活泼的形式,组织团员队员及学生学习团队章程,以及上级组织有关文件和指示,加强对学生进行共产主义人生观教育,使学生懂得人生的意义,懂得政治生命对于每一个人、对于社会都有深远的意义和影响。

班主任应协助团队组织对同学们进行团史、队史的教育,使同学们不断增加对团队光荣历史的了解以及对团队性质、任务的认识,从而向往热爱共青团和少先队。要注意协助团队做好学生从少先队到共青团过渡阶段的思想工作。

(二)要协助班级团支部、少先队发展组织

班主任应协助学校团组织在班上建立团章学习小组,请学校团委会的老师给同学们讲团课,鼓励同学们努力向团组织靠拢,写入团申请书,争取早日入团,并教育他们把要求入团的愿望落实到日常行动上。应积极向团组织推荐本班符合条件的同学入团,尽早建立班级团支部,便于团组织在班级中开展活动。

班主任还应与团支部一起正确分析发展对象的优缺点,积极协助班级团支部做好要求进步同学的思想工作,澄清“入团为

了体面”、“当团员吃亏”、“只有学习尖子才能入团”、“入团高不可攀”等片面认识。

班主任应尽可能参加发展新团员的鉴定会，一方面倾听团员和同学代表对发展对象的评价，另一方面也是关心和支持团的工作的表现，对团支部也是一种鼓励。

（三）充分发挥共青团员在班集体中的模范带头作用

班主任应配合团组织做好团员的思想工作，不断提高本班团员的素质，充分发挥他们的模范带头作用。

要经常和团员开展谈心活动，不断增强团员的责任感和光荣感，有意识列席他们召开的民主生活会，鼓励他们经常开展批评与自我批评，使他们成为班级工作的中坚，带动全班同学共同进步。

（四）协助团队组织建立团支部和队委会

选择配备好班级的团队干部，是加强班级建设的重要方面。要引导本班队员、团员充分发扬民主，认真选好队委会、支委会。队委会和支委会的选举一定要让队员、团员充分发表自己的意见，要认真反复酝酿。

班主任要注意对当选干部进行教育和引导，使他们认识到自己受本班团员、队员的委托来领导团队工作，应该加强责任心，努力完成任务，不辜负团队组织和同学们对自己的期望。同时也要教育团员、队员服从组织领导，关心团队的一切事情，协助干部共同搞好团队工作。

（五）指导并协助团队干部处理好日常团、队工作

班主任对团队干部应和对班干部一样，做到热情信任，大胆放手，重在培养，加强指导。班主任应注意尊重共青团、少先队组织，要有意识地培养团员、队员的组织观念，教育团队干部懂得做工作要对团员、队员负责，而不是对班主任个人负责。

在每学期开学初，班主任应根据学校的工作计划和团委会、少先队大队部的活动计划，指导本班团队干部制定团队计划，使团队计划同班级工作计划，以及学校、团委会、少先大队的工作计划形成有机的整体。

班主任平时应抽时间列席参加定期举行的团委会和队委会，听取并共同分析团支部或中队的动向，检查和总结上一阶段的工作，讨论解决问题的方法和措施，提出今后的努力目标。

学期结束时应帮助团队干部认真检查工作计划落实情况，总结学期工作中的经验和教训，使其在总结中得到提高，为开始下学期的工作奠定基础。

班主任还应注意教育团队干部正确处理好工作与学习的关系。要使他们认识到，害怕耽误学习而不愿积极工作，或因为忙于工作而影响学习，都是不可取的。

（六）指导和帮助团队干部组织团队活动

团队活动一般包括激发动机、活动准备、活动进行和活动巩固四个阶段。

在激发动机阶段中，班主任应指导团队干部向团员队员讲明活动意义，提出奋斗目标。在活动准备阶段，要调动同学们积

极参加并支持团队干部的工作。

班主任要指导队委会或团支委会订出活动计划，提供必要的活动条件，帮助他们分工负责，并解决各种实际困难，增强信心。

在活动进行阶段，班主任应热情参加，发现问题，及时协助团队干部认真处理，并可发表个人的感想与体会，使活动充溢着师生共同受教育的亲切气氛。

在活动巩固阶段，班主任应指导团队干部认真进行总结，充分肯定成绩，找出不足之处，使活动效果能得到巩固提高和发展。

（七）班主任对团队活动的指导

班主任对团队活动的指导，主要包括：①活动内容上的指导；②活动形式上的指导；③工作方法上的指导；④还要指导团队干部注意发挥组织的作用。

精力充沛和它带来的饱满情绪，既然比任何其他事情在幸福中占较重要的地位，教人保持良好健康和饱满情绪就比什么都重要。

——斯宾塞

课外活动的开展与管理

班主任工作的一项重要内容就是组织和指导学生参加课外活动,这也是班主任对学生进行思想品德教育的重要途径之一,是促进学生全面发展的有效手段。学生对各种课外活动有着浓厚的兴趣,开展课外活动对学生有着重要的作用和意义。

一、课堂教学与课外活动的关系

用系统论的观点来看待课堂教学与课外活动的关系。学校教育教学系统是一个有机的整体,这个整体有其明确的培养目标。无论课内、课外都是为其整体的培养目标服务的。目前,课堂教学仍然是中小学教育教学的主要形式。课堂教学与课外活动,各有特点,各有用场,互为补充,相互促进,是学校教育教学整体结构中的有机组成部分。

“课内打基础，课外出人才”的提法不确切，也不科学。基础教育无论课内课外都是为学生将来成才打基础，都需要注意学生智力的发展和能力的培养。所谓打基础，包括德、智、体、美、劳等各个方面，也包括使每个学生从小萌发的兴趣、爱好和特长得到充分的发展。

开展课外活动时，必须改革课堂教学，为课外活动的开展创造条件。课堂教学不改革，课外活动就难以很好地开展。只有提高了课堂教学的效率，减轻了学生的课业负担，才能给学生以充分的参加课外活动的时间；只有课堂教学的质量提高了，学生学到了系统的知识，发展了智力、培养了能力，才能在课外活动中充分发挥自己的个性、特长；只有提高教师的素质，才能使教师从低效劳动中解脱出来，积极辅导学生开展好课外活动。此外，也要提供一定的物质条件，如图书馆、阅览室、实验室、实验园地等。

二、开展课外活动的原则、内容和形式

（一）课外活动的原则

1. 学生根据自己的兴趣、爱好和特长，自愿选择参加的原则。

2. 全面育人与发展专门才能相统一的原则。课外活动既要为充分发展学生的爱好特长创造有利的条件，又要发挥德、智、体、美、劳各方面全面育人的作用。在全面发展的基础上发展专门才能，在发展专门才能中提高全面发展的水平。

3. 知识性与趣味性相结合，思想性与科学性相统一的原则。课外活动的趣味性是建立在知识性的基础上的，思想性是建立在科学性基础上的。课外活动是一种认识世界、探索科学知识的实践活动，既体现科学性，也体现思想性。

4. 课外活动的内容、形式与当代青少年的特点相符合的原则。青少年的特点既包括生理和心理方面的，也包括思想品德和社会意识方面的。只有针对这些特点开展课外活动，才能收到良好的效果。

5. 因地因校和因时制宜的原则。各地情况不一，各校条件不同，开展课外活动要因地因校制宜。有些活动，如种植试验、观察天象等是有时间性的，必须因时制宜。

（二）课外活动的内容与方式

课外活动的内容是极其丰富多样的，活动的方式也不是固定不变的。城市学校有城市的优势，农村学校有农村的特色，开展课外活动的内容和形式必定有很大的差异。例如，湖南一所中学，在认真改革课堂教学的同时，积极开展课外活动，建立了各种学科和科技小组，如养蜂、食用菌、水产养殖、电机修理、服装设计、水稻育种、农用微生物培养、天麻代料，人工栽培，使学生为社会做出了一定的贡献，并培养了科学研究的能力和兴趣。城市中学的课外活动也是丰富多彩的：如开展读书活动，开放理、化、生实验室，举办各种学科讲座，进行绘画、书法、讲演比赛，举办艺术节、科技节活动，组织社会调查等等。

三、课外活动的积极作用

（一）课外活动广泛性和实践性能够吸引学生积极参加

课外活动是相对于课堂教学活动而言的，它是指除学校有组织的课堂教学活动以外由学生开展或参加的各种活动，包括周会、团队活动、科技活动、文娱体育活动、卫生活动等等。课外活动与课堂教学相比，具有许多特点。主要表现为：

1. 课堂的狭小天地，也可以不受教学计划、大纲、教材以及时间和空间的限制，只要是能拓展学生视野，扩大其知识面，培养学生某方面的能力，或者只要是有益于学生身心健康的活动都可以开展。

2. 多样性。由于课外活动的形式生动活泼，活动的内容丰富多彩，使得每个学生都可从自身的实际出发选择和参与到各种各样的课外活动中去，使学生的课外生活呈现多样化。

3. 实践性。课外活动作为一种社会活动，其本质是实践的，学生在课外活动中通过自己创造条件或环境，设计、组织或实施活动内容以达到一定的目的，即学生通过动手，通过体验，通过活动去丰富自己，因而课外活动有很强的实践性。

4. 自主性。课外活动为学生提供了进一步学习和发展的良好环境，学生可以充分发挥自己在课外活动中主体作用，即课外活动具有自主性。

中学生正值生长发育增长期，精力旺盛，活动量大，求知欲强。多数学生不满足学校单调的甚至有些枯燥的课堂生活，他们向往和追求一种多维的、多层次的和多色彩的立体生活。正是由于课外活动的丰富多彩满足了他们的求知、发展和实践的需求,体现出他们青春活力,才使得他们对课外活动表现出强烈的兴趣和热情。学生们积极投入到丰富多彩的课外活动中,也使得自己的生活变得丰富多彩。

(二)课外活动能使学生更有效地掌握知识,提高学习效率

丰富的课外活动,可以使学生在课堂内所学的知识得到巩固、加深和提高;同时,又能使学生将已学到的知识初步运用到实践中去解决所遇到的一些实际问题;此外,课活动还有助于学生扩大知识的视野,发展学生对政治、科学、文学、艺术、体育的兴趣和才能。

如果仅仅以为课外活动就是玩玩跳跳,将课外活动降低到游戏的水平,那就会犯认识上和操作上的错误,甚至对学生的教育造成无法挽回的损失。事实上,课外活动对开发学生的智力,促进课堂学习的作用是明显的。如前所述,知识型的课外活动已充分说明了这一点。即使是公益型和娱乐型的课外活动对学生的学习也有非常明显的促进作用。

(三)课外活动可以充实和丰富学生的精神生活

中学生的身体正处于迅速成长的时期,他们有着衣、食、住、行的物质需求;同时,他们的心理发展和变化很大、很快,他们在集体中、在社会中,有着对友谊、情感、娱乐、审美、理想情操、伦理道德、人际关系、科学文化、艺术、体育等等日趋强烈的精神追求。后者,即精神生活,是一种高层次的生活。课堂活动也是一种精神生活。毫无疑问,班主任要抓学生的学习,但班主任更应该重视学生思想素质、文化素质、心理素质、身体素质和劳动素

质等的全面发展和提高。

因此,衡量班主任工作的优劣和班主任每项教育措施、教育活动的价值,首先要看它在多大程度上有助于提高学生的思想觉悟,培养学生的优良品德,丰富学生的精神生活。

例如,有一个高中班,一学期中曾多次组织学雷锋开展社会公益活动。一次,去清扫客运站,当学生们看到经过自己劳动创造的干净整洁的环境,看到客运站工作人员以及旅客等公众对他们的赞扬,都在不同程度上产生了一种高尚的、愉悦的情感体验。他们看到自己受到他人的尊重,认识到自己创造性劳动的价值,体验到什么是奉献、什么是真善美;也明白了在改革开放的时代,雷锋精神仍鼓舞着亿万中国人的原因所在。

又如,班主任组织学生举行硬笔书法比赛,同学们在练字、展览和评选的过程中,增强了审美意识;组织学生开展趣味体育竞技,同学们在活动中充分展示了力量、技巧和美;带领学生参观博物馆让他们了解历史,瞻仰先烈的塑像和祭扫烈士陵园,使学生们受到革命传统的教育等等。通过这些课外活动,同学们感觉到生活更加充实、更加美好、更加有意义。

(四)课外活动能促进学生良好个性的发展

从课堂教育的同步化标准化可知,课堂活动侧重在学生共性的培养,“应试教育”严重阻碍了学生良好个性的发展。实现人的个性的积极、自由、和谐的发展,是人生的一大追求和人的完善的一个重要标志。因此,我们的教育要面向未来,要使学生学会生存、学会做人,就一定要重视学生个性的培养和发展。

根据学生的特点，积极组织学生广阔开展课外活动，对于促进学生良好个性的发展将起到非常重要的作用。这一作用的机制在于，对于由学生共同参加的课外活动，它要求大家共同遵守其活动规则，它要求参加者具有一定的能力和素质，它强调每一成员的配合、协调和互补，因此，在课外活动中，学生积极的良好的个性可以得到发挥和发展，而消极、不良的个性受到抑制和排斥。如一位女生由于学习基础较差，平时沉默寡语，心灰意懒，老师了解情况后，把她吸收到化学兴趣小组，第一次她做氨气溶解于水的实验便激发了她的好奇心，渐渐地她恢复了学习的信心，对各科学习和各种活动也有了浓厚的兴趣，人也活泼开朗起来，后来高中毕业考上了理想的大学。课外活动作为教育的第二渠道，便于因材施教，充分发挥学生的智慧和才能，全面发展个性。比如，集体活动需要友爱、关切和尊重，辩论需要理智和幽默，演讲要有激情，下棋需要沉静，阅读能使人深刻、博大，体育比赛能使人勇敢、顽强，文艺活动能使人大方、活跃，科学研究需要要周密和耐心等等。

实践还表明，课外活动还可以为班级和学校培养有专长的学生以及为社会培养有用的人才。例如，老师可以在开展课外文艺活动时注意为班级开展工作培养骨干，这些学生既是文娱活动的中坚，又是班级里参加年级和学校演出的主要人员。

积极组织学生广泛开展课外活动，对于增长学生的知识和能力，丰富学生的精神牛活和全面发展学生的良好个性都有着重要的作用。同时，对于班主任进行班级管理和集体教育以及学生进行自我教育也都有着极其重要的意义。

四、课外活动管理

(一)课外活动管理的原则

1. 教育性原则。学校课外活动必须以具有教育意义为准则。课外活动工作的管理,必须把握课外活动的教育性,掌握教育的方向,组织教育内容的设计,检查监督其实施。在组织实施课外活动中,课外活动工作管理应使学生在获得各类知识、技能的同时,进一步培养良好的道德品质,丰富道德情感,形成高尚的情操和文明的行为习惯。

开展各种课外活动,都应坚持以理论为指导,分别向学生进行科学理论教育、艺术理论教育、技术原理教育。促进学生辩证唯物主义和历史唯物主义世界观的形成。

2. 趣味性原则。强烈的求知欲和浓厚的兴趣是分不开的。头脑中问题的出现,好奇心的引发,兴趣的产生,乐趣的取得,志趣的升华,都不是生来就有的。各种课外活动的开展,也不一定就是学生愿意参加,并能坚持的。这就要求课外活动工作的管理者,设置及组织实施适合青少年年龄特征,适合他们的学习阶段,对他们来说富有趣味性内容的各种课外活动。通过这些有趣味性内容的各种课外活动,引发学生的好奇心,激发他们的兴趣,吸引他们参加到活动中来。

3. 实践性原则。实践性是课外活动的重要特性。学生能力的培养,重要的一条在于必须独立观察、分析,在实践活动中锻炼。坚持实践性原则,应放手让学生亲自进行实践活动,提供使学生进行实践活动的必要的物质条件,对各种课外实践活动组织实施卫生监督,以保障学生的健康及安全。课外活动的实践中,在教师的指导下,学生们将能着意地去观察某种事物的发生、发展、消亡的变化,并在持久的观察中,发展学生的观察力,形成具有目的性、客观性、全面性、顺序性、理解性、精确性、持续性等良好的观察力品质。通过想象认识那些从未见过,但可以根据类似物推断的那些事物,有所发现、有所发明、有所创造,并进一步培养和发展想象力。在进行某项制作、对某个问题探索、进行某种技能的训练活动中,通过对客观事物进行分析、综合、概括、运用概念进行推理判断,在深刻地认识事物、了解事物和事物之间的联系,掌握事物的本质特征中,发展合乎逻辑的判断、推理、揭示事物本质的能力即思维力。在各种科学技术实验、社会调查、科技制作、特殊技能训练中,培养、发展实际技能和独立分析问题的能力。所有参加课外活动小组的成员,将在实践活动中学习领导、服从与合作,学习管理自己和管理他人,培养和提高社会交往能力、组织管理能力和社会适应力。

4. 学生自愿参加的原则。课堂教学具有法定的强制性,每名学生都必须按规定上课学习。课外活动则需为满足学生个人的爱好和培养学生的特长而开展。学生设置的各种课外活动项目,不同于教学计划中所设置的各个必修和选修科目,它本身不具备法定强制性,不能强令每名学生必须参加。学生有主动选择性,他们可以选择符合自己爱好、切合本人实际的课外活动项目。课外活动工作的组织者,应以丰富多彩的活动内容,去吸引学生参加到活动里来,按照相同爱好加以组织,配备辅导教师给他们以指导,使课外活动逐步深入,并能坚持和巩固。

5. 普及与提高相结合的原则。课外活动的组织实施，首先应面向全体学生。通过开展群众性的课外活动，组织班级学科小组活动，吸收学校中的部分学生参加。与此同时，还要把那些在某一学科领域有才能、水平较高的学生，吸收到课外活动中，把他们组织起来，进行更高层次的培养与训练，并借以推动课外活动的广泛开展。

6. 传统与革新结合的原则。学生的兴趣是广泛的，要全部满足学生的兴趣与爱好，组织起各种内容的课外活动，限于师资、设备、经费等方面的条件，每所学校都只能尽量争取，但是不可能全部达到。各校应根据自己的师资条件、设备情况，以及可借用的家长和社会力量，以尽可能多的内容，把学生的课外活动生动活泼、丰富多彩地开展起来。同时，要因地制宜选择一些项目，投入较优势的力量，坚持不懈，使之形成学校课外活动的传统项目。这些传统项目，应有自己学校的特点和风格。传统项目的课外活动，象征着学校校风、校貌及学校声望，它能以自己的显著成效激发学校全体人员的集体荣誉感，使学校具有活力。课外活动项目的传统化，并不排斥课外活动内容的革新，传统项目的专门化内容也要随着专门业务的发展而发展。课外活动项目的传统化，也不是使学校举办的各种课外活动项目都形成传统。许多课外活动项目将随时代的发展和科学技术的进步而推陈出新。坚持传统与革新结合的原则，组织学校课外活动工作，将使学校的课外活动既具继承性又有创新性，充满生命力，更加绚丽多彩。

(二)课外活动对学生的管理

根据课外活动的定义,课外活动应包括两部分:即校内课外活动和校外活动。与之相适应,课外活动的管理也应该包括两部分:一方面是校内的课外活动管理,另一方面是校外活动管理。它要求管理者通过寓德育、智育、体育等于各种课外活动之中的形式,有计划、有组织地把群众性的学生活动引导社会主义办学方向上来,使之为实现我国的教育、教学目标服务。

作为课外活动的管理者,班主任首先应该明确课外活动管理任务、内容、原则和方法。

课外活动作为课堂教学以外的有益的教育形式,培养人才的有效途径,其根本任务是:采取各种有效措施,调动校外各种积极因素对学生进行德、智、体、美、劳的教育,促进学生的全面、和谐发展,为我国社会主义现代化建设输送合格人才。在进行课外活动管理的时候,要控制其导向,使其为以下各目的服务。

1. 培养和发展学生的兴趣、爱好,发挥每一个人的特长,发现和培养各种人才。课外活动的内容丰富,形式多样,能为不同的个体提供适合的气候和土壤。有的学生往往会在课外活动中表现出其爱好和天赋,并会在这片广阔的空间茁壮成长。如果引导有方,管理得当,就有可能发展成为其自身的优势和特长。

2. 提高学生的思想政治觉悟,为形成学生的科学世界观和共产主义道德品质奠定基础。单纯依靠课堂对学生进行思想品德教育,缺乏生动性和形象性,但如果把德育放在课外活动这个大课堂施行,让学生有亲身体验,这样效果就会好得多。

3. 巩固、扩展课堂教学的知识，促使知识向能力的转化。学生从课堂中得到的知识，是间接经验的传授，往往是比较抽象的，如果让学生参加课外活动，使其动手、动脑、理论联系实际，使课堂中所学到的书本知识得到应用，从而就使之得以巩固和加深。

4. 提供人际交往的机会，增强学生适应社会的能力，促进学生的社会化。不同形式、各种范围的课外活动，为学生提供了不同于课堂的相互接触、相互联系的机会，促进他们之间相互了解与合作，使他们懂得并学会与人融洽相处，正确处理社会生活，处理人与人之间的关系，在一定程度上能够加快学生的社会化进程，为他们走向社会打下基础。

5. 丰富学生的精神生活，陶冶高尚情操。管理者可安排一些有益的文娱、体育活动和旅游活动，通过这些课外活动，培养学生对自然美和社会美的感受，陶冶高尚的情操。

课外活动内容的确定，要以教育方针、培养目标、青少年的生理和心理特点以及校内外的实际情况为依据。其内容是十分丰富的，范围也是很广泛的。大体上可以概括为以下几类：社会活动、学科活动、科技活动、文学艺术活动、社会调查活动、参观访问、夏令营活动等等。

课外活动的形式也是多种多样的，按规模大小可分为大型活动、小组活动和个人活动。

其中，大型活动是由管理者针对某一年级或某些相近程度学生的需要而组织的课外活动，是一种比较普遍的形式。这类活动多为群众性的集会、报告会、各种讲座、集体参观访问，各种比赛等，由学校或班级组织。在安排大型活动时，管理者一定要有充分准备，活动目的要明确，组织要周全，要结合学生的实际，符合学生的年龄特点，要讲求实效，不搞形式主义，活动时间也不宜过长，活动亦不应太频繁。

小组活动是课外活动的最基本的形式，这类活动形式分散，能照顾学生的兴趣爱好，活动起来也方便。小组的建立，可以是班级的、年级的，也可以是全校性的，但人数不宜过多。小组活动的种类一般有：学科小组、科技小组、艺术小组、体育小组等等。由于小组活动主要是建立在学生爱好、特长的基础上，所以在确定小组活动参加人选时，最好看他（她）对本小组活动是否有浓厚而稳定的兴趣。

个人活动是学生在教师指导下，根据个人的兴趣、爱好和特长而独立开展的活动。它的主要内容有：阅读报刊杂志、文学创作、绘画、音乐、书法、制作模型、进行某种观察和实验等等。个人活动在充分发挥每个学生的主动性、积极性和创造性方面更甚于小组活动，在一定程度上弥补了小组活动在吸引和照顾学生兴趣特长等方面的不足，使每个具有特长和特殊才能的学生都能得到充分的发展。在个人活动管理方面，管理者应给予足够的重视，应该加强引导、防止自流。对于那些特殊才能的学生，为了使其顺利、健康地发展，还应该有专人负责，有专门的指导和培养。

以上各种活动形式，往往是相互联系的，它们彼此促进，相互补充。因此，课外活动管理者在领导、组织开展活动时，应该有所选择，注意统筹安排，以便充分发挥各种形式的教育作用，收到更好的教育效果。

好动与不满足是进步的第一必需品。

——爱迪生

文体活动的组织与管理

一、班级联欢会的组织与实施

(一)组织班级联欢会的意义

1. 通过活动,能使学生得到锻炼,增长才干。中小学应大力提倡在课余时间开展健康的文娱活动,以促进学生身心健康发展。

2. 班级联欢会对于调节学生紧张的学习生活,巩固和补充课堂美育具有重要作用。中小学生尤其是小学生的生理和心理发展特点要求班主任必须注意合理安排学生的作息时间和安排必要的文体活动,保证中小学生身心健康成长。

3. 班级联欢会的举行,为全体同学创造了表现自我、发展个性的机会,符合教育的主体性原则。在这样的活动中,绝大多数学生都有机会当众表演,尽情娱乐,可以培养学生乐观开朗的性格、落落大方的举止风度、随机应变的表达能力和热爱美、追求美的情趣。

4. 能锻炼班干部和部分同学的组织才能,便于发现人才,也为他们走上社会独立工作和生活打下良好的基础。

5. 对于平时学习成绩不好但有某方面特长的同学来说,有利于他们看到自身的优点,扬其所长,消除自卑心理,增强学习的信心和力量。

6. 通过共同娱乐,可以增进师生感情,融洽师生关系,彼此都敞开心扉,使得一些棘手的难题在和谐的气氛中比较容易得到解决。组与组或班与班之间的联欢,还能使学生在更大的范围内加深了解,增进友谊。

(二)班级联欢会的形式

1. 文艺联欢会。文艺联欢会是在班级里为活跃班级气氛,调节身心紧张情绪而召开的一种形式。有时为了选拔参加学校文艺联欢会的代表或节目,可以采用这种形式进行选拔。

2. 生日联欢会。生日联欢会在初中或高中比较常见。特别是学生由儿童到少年,由少年到青年的转变比较带有标志性的年龄(如12岁、14岁、16岁等),班主任常可举行集体生日联欢会,往往能收到意想不到的效果。

3. 节日联欢会。举行节日联欢会既可表示对节日的祝贺,又能达到教育和锻炼的目的。

4. 毕业联欢会。这类联欢,学生面临毕业,情感复杂,顾忌减少,参加的热情高,效果也好。

(三)联欢会的步骤和注意事项

1. 积极准备,调动大多数同学的积极性。组织联欢会和开展其他活动一样,要达到教育学生、锻炼学生的目的,必须以多数学生积极参加为前提,否则就会削弱活动的作用。必须调动尽可能多的同学的积极性,注意做好各类同学的组织、动员工作。

2. 突出联欢会主题的鲜明性、思想性、教育性。联欢会上演出的节目形式应该生动活泼、多种多样,可以鼓励学生自编自演。班主任对节目的内容不可不闻不问、撒手不管。要在会前提出必要的要求,会中巧妙地掌握方向,使一些表演恰到好处,适可而止;会后组织学生讨论、座谈,评出各方面的最佳,以此鼓励表现积极、态度认真、文明、有正确追求的学生,保证联欢会内容健康,格调高尚。

3. 选出一名或几名活泼幽默的同学充当节目主持人。只要选出好的节目主持人,晚会就成功了一半。好的主持人能使联欢会开得活泼、热烈,活而不乱,既放得开,又收得拢,让每个参加者尽兴。

4. 做好联欢会收尾工作。晚会或联欢会常见的弊病之一就是虎头蛇尾,前紧后松。往往在有准备的节目表演之后被递条子、"点将"占去很多时间。这固然可以作为一项内容,但如果组织不当就会造成漫无边际,点与被点者互相推诿、相持不下的尴尬局面,影响晚会的顺利结束,甚至影响已有的良好气氛。要对每一部分时间加以适当限制,做到点到为止,恰如其分。

5. 注意时间的选择。不可在影响其他班级同学学习的时间举行。如果是举行晚会，时间不宜过长，以免影响同学们的睡眠，耽误第二天的上课。万一超出学校作息时间，一方面注意控制节奏，另一方面及时与学校联系，以争取联欢会的圆满结束。如果是小学生，最好选在白天。临结束时，班主任应组织好教室桌凳的正常摆放，清洁卫生工作。

(四) 节日联欢会的特殊要求

节日联欢会是借传统节日和革命节日的内容，进行生动而又有意义的教育活动。节日联欢会与平时联欢会的要求不同：

1. 联欢会的内容要尽量按节日的意义安排，如“七一”要有热爱中国共产党的内容，“八一”就要有拥军和革命战斗传统的教育内容。

2. 节目形式要丰富多样，以吸引不同特点的青少年兴趣，也要有一定声势和喜庆气氛。

3. 联欢场地要讲究装饰和布置，以加强节日气氛。

4. 参加联欢活动的对象除了学生之外，还可邀请家长、教师参加，让更多的人共同关心学生的生活成长。

二、班级体育活动的组织与实施

(一) 班主任组织体育活动的方法

1. 早操、课间操、眼保健操的组织。早操、课间操、眼保健操的组织，主要应该注意以下几个方面：①根据不同情况，采取不同的锻炼形式；②早操、课间操锻炼内容要力求多样；③对长期坚持认真做三操的学生要及时表扬，对敷衍了事的学生不能轻易放过，在做好思想工作之后，一定要求重做；④加强督促检查，动作务必规范。

2. 课外体育活动的组织。课外体育活动的组织，主要包括：①建立体育锻炼小组。班主任应首先了解学生身体素质、体育爱好等方面的情况，然后根据性别、体育特长、体质等分别组织若干课外体育锻炼小组，开展课外体育活动。②成立课外体育活动领导小组。领导小组的任务是制定班级课外体育活动计划，检查各锻炼小组执行计划的情况，抓好班级课外体育活动。③制定班级课外体育活动计划。计划应规定本学年及各个学期课外体育锻炼的内容。④加强技术指导。体育教师是课外体育活动的指导者，班主任应加强与体育老师的联系，做好学生体育活动的指导工作和体育干部的培训工作，使他们能具备整队、辅导技术、保护帮助、布置场地等基本知识和技能。⑤结合课外体育活动内容，举行小型比赛。⑥落实锻炼场地、锻炼内容。学生课外体育活动的场地不落实，锻炼内容也就不可能落实。

3. 学生参加运动会的组织。学生参加运动会的组织，主要应该注意以下几个方面：①运动会前要做好思想动员工作和组织工作，既要提倡发扬拼搏精神，为班集体争取荣誉，又要反对锦标主义，讲究体育道德，把运动会看作向别人学习的机会。②运动会上就做好临场思想工作。担任比赛项目较多的学生，应提醒其注意保持体力。③组织“拉拉队”，鼓动士气。没有比赛任务的学生，班主任应将他们组织起来搞好宣传、后勤工作，还可成立“拉拉队”，为本班运动会助威鼓劲，创造热烈紧张的良好气氛。④加强安全教育。竞赛前，班主任应注意对学生进行安全教育，讲清有关安全知识。⑤运动会后，及时进行总结。班主任在引导全班学生进行认真的总结时，对运动会上出现的不文明行为和不良风气，应予以批评教育；对涌现出来的好的体育道德风尚，应予以表彰。

4. 学生达标的组织。学生达标的组织，主要有：①有针对性地开展持久的锻炼。②培养体育锻炼小组长。体育锻炼小组长是班级开展“达标”活动的骨干。班主任应与体育老师互相配合，加强对体育锻炼小组长的技术辅导工作。③在经常锻炼的基础上，加强监督检查。可采用定期测验的办法，激发学生的锻炼热情。但测验的项目和时间不要太集中，不能搞突击测验或限期“过关”。④为了调动学生“达标”的积极性，还可将《锻炼标准》中的各项要求用分来计算，按人进行累计，定期公布，看谁最先“达标”。⑤把“达标”作为评选优秀团员、少先队员的条件之一，要求全班学生努力争取，这也是一种提高学生锻炼积极性的方法。⑥对于怕吃苦、不肯下气力进行锻炼的学生，可以定期组织困难学生对抗赛，通过比赛提高成绩。

（二）班主任指导班级开展体育活动应注意的问题

1. 从学生思想实际出发，提高他们对体育锻炼重要性的认识。可运用广播、墙报、黑板报和宣传栏及举办体育图片展览等多种方式进行教育。同时，还应注意培养学生良好的体育道德风尚。

2. 根据学生的年龄特征和个性差异，合理安排运动量。由于年龄、性别及其他方面的差异，每个学生不仅可能承受的运动量不同，而且可能承受的强度也不一样。进行体育锻炼，应该遵循人体生理活动的规律，选择那些适合学生年龄及性别特点的项目。

3. 注意全面、持久地进行锻炼。①全面锻炼指的是人的四肢躯干都应该得到锻炼，心肺等内脏器官和神经系统也要受到锻炼；速度、力量、耐久力、灵巧、柔韧性都应得到发展；跑、跳、投、旋转等人体基本运动能力就能得到提高。②要使身体各部分均衡协调地发展，就必须全面地进行体育锻炼。可是，就某一项体育项目而言，都不可避免地带有一定的局限性。开展体育活动时，老师应将侧重不同的项目结合起来。

4. 因时、因地制宜组织学生锻炼。体育锻炼应该考虑季节气候等因素。体育锻炼应考虑各校的环境、场地等条件。场地狭窄的学校可以因地制宜，充分利用空间，开展爬绳、爬杆等活动。

5. 注意加强安全教育。具体措施如下：①体育活动组织要严密，对学生应加强组织纪律教育，要求他们锻炼时要精力集中，态度严肃、认真；②加强体育保护，特别是练习体操动作，要教会学生保护、帮助别人以及自我保护的方法；③锻炼前要做好充分的准备活动，特别是做难度大的动作时，更应重视准备活动；④开展体育活动，一定要注意循序渐进，不要让学生做那些难以胜任的复杂动作；⑤体育活动开展前，班主任要积极检查学生穿着，看是否影响开展活动，还应检查场地、器材，看是否安全牢固，布局是否合理；

6. 教育学生爱护体育器材及设备。体育器材、设备是学校财产，应教育学生爱护。随意损坏体育器材、设备，不仅使学校受到损失，而且还会影响体育运动的开展，甚至会造成伤害事故，所以班主任一定要教育学生爱护体育器材和设备。